婚，不昏

余婧律师破解婚恋困局20例

余婧◉著

中国民主法制出版社

图书在版编目（CIP）数据

婚，不昏：余婧律师破解婚恋困局20例 / 余婧著
——北京：中国民主法制出版社，2011.12
ISBN 978-7-80219-995-8

Ⅰ.①婚… Ⅱ.①余… Ⅲ.①婚姻法—基本知识—中国
Ⅳ.① D923.9

中国版本图书馆CIP数据核字（2011）第269905号

图书出品人：肖启明
文 案 统 筹：刘海涛
责 任 编 辑：逯卫光　翟琰萍

书　名／婚，不昏：余婧律师破解婚恋困局20例
HUN,BUHUN:YUJINGLüSHIPOJIEHUNLIANKUNJü20LI
作　者／余　婧　著

出 版 · 发 行／中国民主法制出版社
地　址／北京市丰台区玉林里7号（100069）
电　话／63055259（总编室）　63057714（发行部）
传　真／63055259
E-mail: MZFZ@263.net
经　销／新华书店
开　本／16开　710毫米 ×1000毫米
印　张／14.5　　**字数**／151千字
版　本／2012年1月第1版　2012年1月第1次印刷
印　刷／河北省永清金鑫印刷有限公司

书　号／ISBN 978-7-80219-995-8
定　价／36.00元

从故事到事故，到底有多远？

当本书的书名还在为是叫《婚不昏》还是《婚戒线》而纠结的时候，本书作者余婧律师来看望我，其一是就书名征求我的意见，其二是这是她从业以来的第一本著作，故希望我这个她一直以来十分敬重的老师和老乡为其作序。

我当即答应了，而且还保证尽早完成。我对作序一事向来慎重，之所以如此痛快，是因为同乡情谊的亲厚，此其一；也因为在她执业之初，我现在所供职的《民主与法制》杂志曾为其专文报道，此其二；更因为我对余婧律师的欣赏和感佩，此其三。

我对余婧律师的欣赏与感佩主要来自于以下两个方面：一是她在为公众普法方面的热情和成绩，可以说，这是一件以点亮中国人的法律智慧为己任所做出的善事；二是她敢于放弃自己曾经从事的经济利益丰厚的公司业务，而专注于老百姓个人法律需求的研究和满足。应当说，这是一件从关注民生到建言和谐家庭乃至构建和谐社会所做出的大事。

毫无疑问，余婧律师是一位美女，也是一位美女律师，但据我所知，她始终更希望人们看到她形象之外的专业实力，从而超越“美女律师”的肤浅。就在前天，佘婧刚刚以最高票数当选为北京市“十佳青年律师”，我作为评委曾当场点评她的电视普法和办案工作是“相辅相成、相得益彰”，在我看来，这正是她个人非常清醒的表现，也是她十分自信的展现，更是她与其他律师与众不同的体现。

本书正是佘婧律师个人专业实力与专业智慧的完美呈现。

出现在本书中的案例，无论是情人的自杀还是新娘的跳楼，无论是未婚的妈妈还是再婚的母亲，不管是遗失的血脉还是悲情的遗腹子乃至球场上的情敌与两个女人的战争，无不贯穿着婚姻家庭固有的哲理思考与法理剖析，无不表现了婚姻家庭变奏之后的生理相搏与心理相斥，无不展现了婚姻家庭未来发展的世俗愿望与美好期待。

应当说，所有这些案例可能在我们的现实生活中似曾相识，也可能在我们的左邻右舍中司空见惯，还可能在我们的街谈巷议中相互传播。但从本书中，通过中央电视台播出来了，通过《法律讲堂》讲出来了，通过佘婧律师说出来了。

佘婧律师这一“说”，既非一般的口述，也非简单的讲解，更非普通的猎奇，而是变复杂为简单的“说”，也是让人恍然大悟的“说”，更是叫人充分领略法律智慧的“说”。于是，这种绘声绘色、有声有色的“说”，就成了传授法律常识、点亮法律智慧、传播法律精神的普法行动。

佘婧律师的普法确实饱满热情、写满法理、充满神奇。正如一位观众的来信所言，佘婧律师是“形象亮丽而不失矜持，谈吐优雅而富含激情，眼神犀利而蕴蓄热情，听她的‘法律讲堂’恰如聆听美妙的音乐，像是欣赏优美的风景，又似在隽永的诗歌中低吟浅唱，令人回味无穷，满口生香！更重要的是，从她那里感受到了沁人心脾的人间真情与凄凉冷漠的世态炎凉，还有法律的公平与正义！支持你，真诚与正义的化身——余婧！”

婚姻其实是一所学校，但现实生活中不少人却既不用心学习，也不认真思考，于是就成了学校里的劣等生与补考生。如何才能及格，怎样才能优秀，余婧律师通过那些有根有据的案例与深入浅出的讲述，进行了有效的辅导，提供了有益的秘方。

婚姻其实是一面镜子，但现实生活中不少人却因为自己内心的贪婪与行为的猥琐，而变成了镜子里的小丑与侏儒。余婧律师的讲述正是将那些镜子里的犹豫和焦虑，对照法律规定，比照法律精神，一一进行法理剖析与法律警示。

婚姻其实是一种人生，但现实生活中不少人却因为自己的愚蠢与偏见而付出了沉重的代价，因为自己的狭隘与欺骗而被送上了被告席，因为自己的卑鄙与纠缠而走上了人生的不归之路。余婧律师在她的讲解与剖析中，对其进行了善意的法律规劝与善良的道德警示，真可谓娓娓道来，循循善诱。

现在，许多人都知道江苏卫视有一档热播的“非诚勿扰”栏目。在我看来，它不是简单的相亲节目，而是一个美化婚姻、亮化个人、服务社会、启迪人生的娱乐类电视节目。但它又不是一般的娱乐类电视节目，而是一种将那些司空见惯、熟视无睹的恋爱婚姻家庭现象，以一种轻松而快捷的电视语言，既讲故事更讲乐趣的电视节目。

同样，作为法律专业人士，律师走进中央电视台《法律讲堂》的意义也不一般。如果说“非诚勿扰”是将恋爱相亲当成了娱乐服务，那么，《法律讲堂》是将那些从故事到事故的人生当成了一种通俗易懂、明白如晓的法律普及活动。有人说，初恋是美术，热恋是技术，结婚是艺术，离婚是手术。可以说，《法律讲堂》就是一个在婚姻家庭方面分析美术、剖析技术、解析艺术、辨析手术的平台。通过“法律讲堂”的慧眼与力荐，一大批律师在这个平台上因此而充分展示了自己的才华与智慧。显然，无论是作为执业律师还是作为主讲嘉宾，余婧律师正是其中的佼佼者。

那么，婚姻家庭中的美丽故事有哪些传奇与神奇？那些美丽故事为何后来又成了一场事故？从故事到事故之间，距离到底有多远？

前不久，“中国绿色公司百强”专家委员会联席主席刘东华先生曾经为商界提出过五条戒律：“戒除无诚信的交往，戒除无底线的商业，戒除无尊严的人格，戒除无原则的行善，戒除无良知的享乐。”余婧律师这部新著也正好告诉我们每一位读者，从故事到事故之间的婚戒线，到底在哪里，究竟是什么。

如此而来，无论是你要听婚姻家庭的故事，还是要看婚姻家庭从故事到事故的人生，不妨都打开这本很有故事的书。而法律正是其中一条线，一条从故事到事故的红线。

千言万语，是以为序。

写于2011年圣诞之夜

《民主与法制》总编　刘桂明

目　录

CONTENTS

夕阳恋遭遇啃老族

·关键词·

啃老族　黄昏恋　婚姻自由　拆迁房产继承
老年人权益保护

2008年2月的一天晚上，湖北省某市的一个居民楼里面爆发出了一阵激烈的争吵声。只见一个年轻的女人正指着一个老年男子尖声喊着："都这么大年龄了，还想吃软饭啊，也不怕别人笑话。既然你在这住不惯，那就赶紧走吧！"站在对面的老年男子气得浑身发抖："小小年纪，怎么这么放肆，要我说吃软饭的应该是你们两口子。"说完就忍不住抬手给了年轻女人一个巴掌。女人马上哭了起来："好啊，你敢打我！"回头跑回卧室就喊："老公，你可给我评评理啊，他算什么东西，竟然敢打我？"这时一个年轻男人冲出卧室，看了看居然没有开口劝解，而是走进了旁边房间又拉出一位老年妇女："妈，他怎么能动手打人呢？你还不赶紧把他赶出去。"一时间，这房子里充满了大呼小叫的争吵声。

这究竟是怎么回事呢？看上去这家人的关系非常复杂，两个年轻男女和两个老年男女之间到底是什么关系？为什么老年男子和年轻女人要互相指责对方吃软饭？这件事情还得从头说起。

● 溺爱养逆子，夕阳恋成空

最后出场的这老年妇女叫吴雪莲，55岁，早在二十几年前丈夫就因病去世了，她一个人带着几岁的儿子肖鹏艰难地生活。但是为了给儿子创造最好的生活条件，她打起精神开始做小买卖，渐渐发展成了一家效益不错公司，在当地算是经济条件非常优越的了。但是为了宝贝儿子，吴雪莲没有再婚，就怕儿子受到一点伤害，从小到大对儿子百依百顺，甚至儿子在外省上了大学，她也每两周就坐着火车去看望儿子，洗衣服、买生活用品、打扫卫生，实在忙不过来，她就请家政公司到儿子的宿舍帮忙。这样一来肖鹏就养成了少爷脾气，毕业了都懒得出去找工作，而是回到母亲身边，过着衣来伸手饭来张口的日子，快三十岁的人了，还没自己挣过一分钱。

像肖鹏这种情况，时下有一个时髦称呼，叫做“啃老族”，指的是一些主动放弃就业机会，赋闲在家，不仅衣食住行全靠父母，而且花销往往不菲的一群年轻人。说到底就是不工作“吃”父母的。加上现在就业压力大，有些年轻人又好高骛远，所以“啃老族”还真不少，算是一种社会现象了。对于肖鹏的表现，很多亲戚朋友都看不下去了，总是劝吴雪莲说：“你对儿子实在是太纵容了，这样包办一切，他以后怎么能适应社会呢？这简直是害他呀！”但是吴雪莲说：“小鹏从小失去父爱，我疼他爱他是应该的，再说自己挣了这些钱今后也是留给他的，所以他有没有工作、挣不挣钱无关紧要，只要他平平安安、不犯事就行了。”

但是真的平平安安、不犯事就行了么？很快事实就证明吴雪莲的想法错了。为什么呢？原来，在儿子考上大学之后，一些亲朋好友就忙着替吴雪莲介绍对象，吴雪莲觉得儿子上大学了，自己的任务完成了，也愿意找一个老伴陪自己安度晚年。经人介绍，她认识了一个叫做林永康的退休中学老师。这林永康也是早年丧妻，一直未再婚，两个人挺谈得来，几年下来，他们已经到了形影不离的地步。儿子毕业回家后，吴雪莲就想让儿子和林永康互相认识一下，于是安排他们见了面。谁知，肖鹏一看母亲没经过自己同意就找了个老伴，把脸一板，竟然当着林永康的面说："妈，您这么多年一个人都过来了，现在年纪大了，还找男人，有这个必要吗？"弄得大家都很难堪。这之后，只要林永康来找吴雪莲，都会被肖鹏挡在门外，他还到母亲的公司去盯梢，发现林永康到公司去也要大吵大闹："姓林的，你是不是看上我妈的财产啊，有我在，你别做梦！"这边又跟母亲说："您要把林永康带回来，我就离家出走！总之有他就没我！有我就没有他！"吴雪莲很伤心："儿子，你不能干涉妈妈的婚姻自由，我听说干涉老人的婚姻是违法呀！"肖鹏一听更顶撞了："这还能违法啊？我就干涉了，您要狠得下心就把我赶出去啊，要不去告我也行！"见儿子如此态度，吴雪莲不吭声了，后来也就慢慢切断了与林永康的关系，在她心目中，儿子还是最重要的，但是吴雪莲的脸上再也没有了往日那种欢乐和满足。

有人会说，吴雪莲太悲哀了，可是也没办法，儿子反对还能怎么样？我们说儿子肖鹏的行为是违法的，侵犯了老年人的婚姻自由。

法点链接：老年人的婚姻自由

"婚姻自由"是我国婚姻制度的首要内容，婚姻法第三条规定：

“禁止包办、买卖婚姻和其他干涉婚姻自由的行为。”而且婚姻自由的权利不仅年轻人享有，老年人也同样享有。老年人权益保障法第十八条明确规定：“老年人的婚姻自由受法律保护。子女或者其他亲属不得干涉老年人离婚、再婚及婚后的生活。”但在现实生活中，由于受陈旧观念、财产问题等因素的影响，子女非法干涉父母婚姻的行为时有发生，导致父子或母子关系紧张，同时更造成老年人的身心痛苦。

那么，有哪些保护措施可以保护老年人的婚姻自由呢？笔者建议在发生子女干涉老年人婚姻自由的情况时，为了家庭和睦，应首先考虑通过协商解决；如果老年人自己没办法做通儿女的工作，也可以聘请律师这样的专业人士去替您跟儿女谈谈。若实在协商不成，您可以向有关部门反映，或者依法向人民法院提起诉讼，要求子女停止侵权，承担民事责任；如果子女在干涉老年人婚姻自由时采取了暴力，还可以提起刑事自诉，要求追究其刑事责任。

- 峰回路转，看似媳贤子孝

因为儿子的反对，吴雪莲退缩了，但是经过这件事情，她却开始反省了，觉得自己以前的教育方式是有问题的。儿子在家对母亲如此蛮横，将来在社会上还容得下别人么？她决心改变儿子。这天她跟儿子说：“小鹏呀，你天天待在家里不觉得无聊？要不出去找份工作？”肖鹏在家里待惯了，哪里愿意出去工作：“外面的工作那么辛苦，我才不愿意去呢！再说了，就咱们这个地儿我哪没去过呀，你要说让我到国外去转转，我还有点兴趣。”听儿子这么一说，吴雪莲眼睛亮了：“你想到国外？行啊，妈给你去办留学手续，怎么样？”听到留学，肖鹏来了兴趣：“那行啊，快去办吧。”就这样吴雪莲把儿子送去了加拿大留学。

一年以后肖鹏学成归来，吴雪莲是满心欢喜，她想肖鹏经过一年的独立生活，肯定有所变化。果不其然，肖鹏的变化还真不小，他以前只爱打游戏，对谈恋爱都没兴趣，现在居然带回来一个漂亮的女孩，叫做方芳，两个人是在加拿大留学的时候认识的。吴雪莲很高兴，催着肖鹏和方芳领了结婚证，方芳就顺理成章地搬了进来，但是吴雪莲怎么也没想到，和儿子、儿媳妇一块儿生活并没有她想得那么愉快。虽然方芳嘴是挺甜的，可是她也是独生子女，跟儿子一样娇生惯养，也不出去找工作，吴雪莲非但又多了个人要养，家务活也还得她全部承担。有一次吴雪莲叫方芳洗衣服，方芳就很不高兴："妈，既然我嫁给了肖鹏，您可得把我当女儿对待。既然肖鹏的衣服都是你洗，凭什么我的衣服你不帮我洗啊，你这样不是把我当外人吗？"这么一说，吴雪莲都被噎住了，只好洗完儿子的衣服又洗媳妇的衣服。而方芳还嫌吴雪莲洗得不够干净，又说吴雪莲做的菜不好吃，总跟肖鹏嘀咕说："让你妈出钱给请个保姆吧，保姆干活多利索！"吴雪莲听着了心里很不痛快："有什么事我老太太做不了，非要请保姆，等我不在了再说。"这一来，婆媳俩闹得很不愉快。

虽说方芳有点不尽如人意，但让吴雪莲高兴的是儿子变化很大，至少嘴巴甜了，经常说句"妈妈辛苦了"。更让吴雪莲惊讶的是什么呢？有一天肖鹏从外面回来就说："今天我碰到林叔叔了，他还跟以前一样精神，直跟我打听您呢！"吴雪莲听到这句话，脸一下子就红了，因为儿子的反对，自己放弃了林永康，难得人家还记得自己，更难得的是儿子说这句话，似乎是不再反对林永康和自己交往了。心里高兴，嘴上却说："那都是过去的事，还提他干什么呢？"可是没过几天，当吴雪莲回来的时候，看见一年不见的林永康正坐在沙发上，肖鹏系着围裙从厨房里出来兴高采烈地说："今天我请林叔叔来家里吃饭，我和方芳掌勺，您二位等着吃饭就行了。"这顿饭气氛轻松，有说有笑。吃完肖鹏就拉着方芳要出门："我和方芳看电影去了，你们好好聊。"一溜烟就走了，这屋子里就剩下了吴雪莲和林永康。

两人无限感慨地说起了往事，但是吴雪莲还有几分顾虑，就在这时突然收到了儿子发来的短信："妈，这些年来您为了我辛苦了，您现在应该好好享受生活，以前是我做得不对，林叔叔是一个可以依靠的人，希望妈妈能够再次接受他。"吴雪莲的眼泪掉了下来，她深深地感慨，这次把儿子送到加拿大算是送对了，儿子长大了，这么孝顺、这么懂事。

从这以后林永康就经常来吴雪莲家，也经常和肖鹏、方芳在一块儿吃饭，他们之间相处得一直非常融洽。就在2008年春节的时候，肖鹏还热情邀请林永康来自己家过年，几个人一高兴喝了一点白酒，可是没想到林永康几杯酒下肚以后，竟然晕了过去，送到医院救治，原来是他胃不好，喝酒引起了他的胃痉挛。这次住院，肖鹏和方芳两个人是忙前忙后地照顾。肖鹏甚至对母亲说："你看林叔叔的身体也不太好，需要人来照顾，等他身体恢复，你们就把手续办了，反正早晚都是一家人。"当时吴雪莲和林永康是老泪纵横，他们久久地握着肖鹏的手，觉得肖鹏实在是太懂事了。这样一来过了两个月，吴雪莲和林永康就去登记了，高高兴兴地从民政局回来，把肖鹏和方芳叫出来："我和老林今天领了结婚证了！"肖鹏和方芳高兴地说："太好了！"肖鹏还握着母亲的手说："妈，我真舍不得你走。"吴雪莲说："这孩子，净说胡话，什么走不走的？妈往哪里走？"肖鹏一愣："林叔叔不是说你们结婚之后就一起到英国他女儿那定居吗？"吴雪莲说："这事啊，你林叔叔确实说过，可我没答应。人生地不熟的，话也听不懂，去那里干嘛？再说妈也舍不得你，所以我们打算就住在这里，我们四个人住在一起更热闹、更有意思。”吴雪莲想她的这个提议一定会让儿子和儿媳妇感到高兴，可奇怪的是，肖鹏似乎愣住不说话了，而旁边的方芳脸色变得铁青，转身就回屋里面去了，肖鹏也支支吾吾地跟了过去。很快，小两口卧室里面传来了一阵砸东西的声音，接着是两人的争吵声，但吵些什么，两个老人也听不清，只是纳闷，当天晚上几个人都没睡好。

● 一巴掌打出真相大白

更奇怪的是，从此以后那个贤惠了一段时间的儿媳妇方芳又变回去了，任性、娇气，还总是无端地冲着两位老人发脾气，而肖鹏也一改往日的热情，总是闷闷不乐。老两口总以为儿子和媳妇感情出了问题，想从中调停。很快他们就发现事情根本就不是这样。一次方芳带朋友来家里来聚会，说：“朋友们，看看我新买的音响，今晚大伙都不要走了，咱们玩个痛快，K歌到天明！” 到了半夜老两口是在受不了，林永康就出来说：“你妈身体不好，你和你朋友再玩一会儿就散了吧，要不让他们明天白天再来接着玩，行吗？”朋友们走后，方芳觉得林永康让自己丢了脸，于是冲他大发脾气：“你住不惯就走吧，这么大岁数了还想吃软饭。”林永康气不过打了方芳一巴掌，这就是我们开头所说的一幕。

吴雪莲出来一看林永康动手打了儿媳妇，甭管怎么说那都是丈夫没理，她把林永康数落了几句，方芳更是开始撒泼了，说：“不行，今天一定要让这个老家伙搬出去。”吴雪莲这一听，说：“林叔叔打你是不对的，我让他给你赔礼道歉，但是这个房子是我的，他是我的丈夫，有资格住在这里，你做儿媳妇的没有权利让公公走。”

方芳一看生气极了，回头就使劲推了肖鹏一把说："你这个没用的东西，既然这样，我们俩离婚吧。"肖鹏听见老婆说离婚，似乎受了刺激，上前就把林永康往门外推："姓林的，你简直是个骗子，你说好了要带我妈去英国，为什么不去？为什么非要赖在这里跟我抢房子？我简直是引狼入室啊！"

听到这里，吴雪莲是五雷轰顶，她这才明白为什么儿子和儿媳妇前后判若两人，原来这背后还有一个她想都想不到的秘密。其实肖鹏从加拿大回来后碰巧遇到了林永康，林永康问起："你妈现在好么？"肖鹏冷笑："姓林的，还惦记着我妈的财产呢。"林永康却说："你误会了，我怎么会图你家的钱呢？我两个孩子都在国外，条件好得很，要不是你反对，我早就和你妈结婚去国外定居了。"肖鹏一听，心里发生了微妙的变化，以前确实是怕林永康分走了自己的财产，现在看来，母亲如果与这个人结婚，不但自己的财产不会有损失，还能和老婆独占200平方米的房子，甚至可以接管母亲的公司，把这事跟方芳一说，两人就谋划开了，决定促成吴雪莲和林永康的婚事。没想到，不仅吴雪莲没有去英国，还让林永康也住了进来。房子没占着，还多了个继父同在屋檐下。这对于娇纵成性的肖鹏和方芳来说是绝对不能接受的。

得知真相的吴雪莲病倒了，她曾经以为儿子变得那么孝顺，自己可以安度晚年了，可是她现在才明白儿子还是原来的儿子，还是那个自私自利的儿子，更可怕的是他居然花了这么多工夫来算计自己的母亲，这将来到社会上说不定怎么算计别人呢，这太可怕了。吴雪莲一方面伤透了心，另一方面也是为了教育品德败坏的儿子，出院以后就把儿子肖鹏和儿媳妇方芳告上了法庭，要求他们搬出这套200平方米的大房子，独立生活。

开庭时，母子俩展开了激烈的争辩。吴雪莲说："法官，肖鹏现在已经长大成人，结婚成家，他们小两口的住房问题应该由他们自己来解决，我请求他们搬出我的房子。"吴雪莲刚说完，肖鹏就气势汹汹地说："法官，这套房子是拆迁还房后得的，拆迁前的旧房子是我父亲和母亲的共同财产，父亲去世了，我有权继承父亲的遗产。因此，这套房子我和母亲共同所有。既然是共同所有，我就有份，母亲没有权利要我搬出去。要搬，也是她搬，她再婚了，她现在的丈夫有钱有房，她自己也很有钱，可以买更大的房子，为什么偏偏要我搬出去？"吴雪莲见肖鹏还是那么蛮横无理，反驳说："你这个不孝儿，亏你说得出口，这房子你有份？你有多少份？今天当着法官的面咱把话说清楚。我和你父亲那套旧房子只有20平方米，拆迁后开发商还了40平方米，是我另外加钱多买了160平方米，才有现在的200平方米的大房子。你们夫妻俩不上班，千方百计算计我，想独占这套房子，天下哪有你这种不孝的儿子？"吴雪莲说到伤心处，是声泪俱下，将自己含辛茹苦将肖鹏养大，怎样宠他爱他，而他又是怎样设计赶自己走的前因后果哭诉了出来。整个法庭为之动容。

可没想到肖鹏竟然丝毫不为所动，只是一味强调："你别管我有多少份，反正只要我有份，我就有权利住，你甭想让我搬出去！"

肖鹏坚决不搬，并且提出房子是他和母亲共同所有，那么吴雪莲该怎么办呢？是不是只能忍气吞声继续忍受呢？吴雪莲找到了律师求救。

律师在对案情进行分析后，建议吴雪莲变更诉讼请求，于是吴雪莲提出："法官，既然肖鹏说他也对这套房子有份，那么我请求对这套房子的产权进行分割。"吴雪莲这种要求对共有房屋进行分割的权利，在法律上称为共有物分割请求权。

》法点链接：共有物分割请求权

所谓共有物分割请求权，顾名思义，是指共有人请求分割共有物的权利。我国物权法第九十九条规定："共有人约定不得分割共有的不动产或者动产，以维持共有关系的，应当按照约定，但共有人有重大理由需要分割的，可以请求分割；没有约定或者约定不明确的，按份共有人可以随时请求分割，共同共有人在共有的基础丧失或者有重大理由需要分割时可以请求分割。"就拿本案来说，这套房子就是一个共有物，吴雪莲和肖鹏之间没有不得分割这套房子的约定，现在他们母子感情出现了裂痕，吴雪莲不愿继续与肖鹏同住，就可以请求法院对他们共有的房屋进行分割。

既然要分割，我们要首先弄清他们每个人在这套房子中占多少产权份额。按照吴雪莲提供的证据，这套房子是由两部分构成：一部分是160平方米的商品房，一部分是40平方米的拆迁还房。160平方米的商品房是吴雪莲在丈夫去世后独自出资购买，属于吴雪莲个人所有。40平方米的拆迁还房，是开发商拆迁了之前的一套20平方米的旧房子后还房的，产权属于吴雪莲与丈夫共同所有。吴雪莲的丈夫去世时，依据继承法第二十六条关于"夫妻在婚姻关系存续期间的共同所有的财产，除有约定的以外，如果分割遗产，应当先将共同所有的财产的一半分出为配偶所有，其余的为被继承人的遗产"的规定，在40平方米的拆迁还房的房子中，30平方米的产权属于吴雪莲，10平方米的产权属于肖鹏。可见，在这套200平方米的房子中，肖鹏的产权份额仅仅只有10平方米。最后法院认为，肖鹏对讼争的房子享有5%的产权，吴雪莲享有95%的产权，根据老年人权益保障法第十三条关于"赡养人应当妥善安排老年人的住房，不得强迫老年人迁居条件低劣的房屋。老年人自有的或者承租的住房，子女或者其他亲属不得侵占，不得擅自改变产权关系或者租赁关系”的规定，判决房屋产权归吴雪莲所有，吴雪莲给予肖鹏相当于房屋产权价值5%的补偿人民币8万元，肖鹏与妻子方芳从吴雪莲所有的房子中搬出。

法院宣判后，吴雪莲将房子卖了，将公司的股权转让了，除了留下养老金，大多数都捐给了希望工程，与林永康到英国定居了。

一个月之后，肖鹏意外收到了吴雪莲委托律师转交的一套70平方米商品房的房产证、钥匙和50万元银行卡，还有一封信。吴雪莲在信中说：“亲爱的鹏儿，你别怪妈狠心让你‘断奶’。妈只有你一个儿子，怎么会不管你呢？妈只是让你知道，人生的路很长，不能只是依靠父母来度过一生，而是要靠自己的努力，自强自立。这套房子送给你和方芳居住，50万元现金送给你作创业资金，希望你正视现实，勇敢地面对生活、创造未来！”至此，肖鹏才明白母亲的良苦用心，发誓用自己的双手创造美好生活。

回首这一场纠缠的母子纷争，母亲对儿子的百般呵护和纵容，换得的却是儿子的懦弱和不孝。不禁让人感慨：播种的是爱，收获的是恨！好在最终母亲醒悟，儿子悔改，他们的经历告诉世人：作为父母，一味“溺爱”，只会让孩子失去自己面对世界的机会；而为人子女，真正宝贵的财富，并不是父母留下的金钱和房产，而是那份独立自强面对人生的尊严和骄傲！

绝望的遗孀

· 关键词 ·

丧偶　生子协议　早产儿　婚外情　隔代抚养

2011年4月的一天傍晚，在湖南某市一栋居民楼前，坐着一对六七十岁的老人，身边还有个两三岁的小男孩，两位老人愁容满面，似乎在期待着什么人的出现。这时，巷口走进一个二十多岁的女人，老太太一见马上站了起来："快看，妈妈回来了！"老爷子上前吃力地抱起孩子，走向女人："咱们可是有协议的，这孩子你不能说不要就不要啊！你可是他妈呀！"说着老爷子就要把孩子往女人怀里塞。女人听了这话也是一边往后退，一边情绪激动起来："你们都是骗子。让我替那个负心汉养孩子，门都没有！"说完女人转身就走。这时，孩子突然叫了一声"妈妈"，哇地哭了出来。女人略一迟疑，继而却加快了脚步。老太太在后面用不利索的腿脚紧追了两步，声音颤抖地喊着："这孩子不能没有妈妈啊！"

孩子的哭声、老人的喊声，路过的居民纷纷侧目：这到底是怎么一回事？这女人到底是不是孩子的亲妈？女人与那老两口又是什么关系，她为什么说老人是骗子呢？究竟是发生了什么，让女人如此狠心弃这二老一小于不顾呢？

● 意外，击碎幸福人生

女人叫江敏，听着小男孩的哭喊声，她忍不住落下泪来，脑海中一幕幕回放着悲伤的往事：三年前，24 岁的江敏嫁给了丈夫唐军，两个年轻人都是保险业务员，事业刚起步，经济条件并不宽裕，但小两口却相信只要两人齐心协力一起奋斗，日子会越过越好。很快，唐军的业务也的确有了进展。

这天，唐军下班一到家就满脸兴奋地搂住妻子说："老婆，我快要签成一笔大单了。咱们的首付款就有着落了！我们终于要有自己的房子了！"江敏一听也特别高兴。唐军温柔地看着妻子："等我以后赚了大钱，咱们就买个大房子，到时你再给我生个孩子，好不好？"江敏听得心里乐极了，笑着点了点头。正当他们憧憬着美好未来的时候，一场灾难却悄然降临到这对青年夫妇头上。

第二天，唐军已经交代说晚上要去谈那笔生意，不回家吃饭，可江敏还是早早地回了家，一心盼着丈夫的好消息。晚上九点左右，电话响了，江敏兴奋地抓起电话就说："老公，怎么样？这个单成了吗？"可电话那头却传来了唐军父亲略带颤抖的声音："小敏，你先别着急，马上到医院来，小军出了点事。"听了这话，江敏的心"咯噔"一下，丈夫不会是酒后闹事吧？这保单是不是没签成啊？可等她提心吊胆到了医院，竟得到了一个比她想象的更令人心痛的消息：就在江敏赶往医院期间，唐军已经因急性酒精中毒不治身亡。

唐军的猝死犹如晴天霹雳，让一家人瞬间陷入了痛苦的深渊。江敏的痛苦不用说，唐军的父母亲更加悲痛。他们是在四十多岁时才生下唐军，老两口最疼的就是这个儿子，可现在竟然白发人送黑发人，谁又能受得了这个打击？七十多岁的母亲刘文娟伏在儿子的遗体上，哭得昏死过去被送进医院抢救。还没等江敏缓过神来，公公唐国富又因心脏病突发被送进了急救室。

江敏顾不上自己，强忍着悲痛忙着照顾两位老人。

● 孩子，悲剧的二重打击

就在这如层层黑云压下来的悲痛中，一个意外的惊喜突然从天而降。江敏发现自己怀孕了。一经医院检查，竟然已有两个月。要说唐军是早就想要孩子，有了孩子也算了了他的一个心愿。可唐军现在人不在了，这单亲妈妈的日子可不好过啊。江敏拿着化验单犯了难，孩子到底要还是不要呢？她心想着，再怎么说孩子也是姓唐，怎么养这个孩子还得跟公公婆婆一起商量周全。

可当江敏告诉唐国富和刘文娟她怀孕了的时候，二老的反应却是她万万没有料到的。唐国富一脸严肃地说："小敏，这孩子不能要。"刘文娟也在旁边劝，说："小敏，我们年纪大了，身体又不好，顾不上孩子。你一个人呀，带着孩子不好过。把孩子打掉吧，我相信小军在那边也能理解你的，有你这份儿心啊，我们唐家就感激不尽了。"江敏一听，眼泪止不住地落，她拉着婆婆的手说："妈，这孩子是唐军留给我的啊，我再难也要把他留下来。"说着，江敏又看了看表情凝重的公公："爸、妈，你们放心，孩子我自己养，不会给二老添麻烦的。可我爸妈都不在跟前，我只求您二老能照顾我到把孩子生下来。"说到这儿，刘文娟再也忍不住了，婆媳两人抱在一起哭成了一团。

等两人稍稍冷静下来，唐国富也软了语气，说："小敏，你当真愿意自己养这个孩子的话，我们要是还有能力，也一定会帮你和孩子搭把手的。但丑话说在前头，咱们最好还是写一个保证书吧。"就这样，江敏和公婆约定：江敏怀孕期间唐国富和刘文娟负责照顾；孩子出生以后江敏独自抚养，绝不要求公婆尽任何抚养义务，但孩子出生以后如遇到特殊情况，二老仍应协助江敏照顾孩子。签了保证书，两个老人就把江敏接到了家里。因为要迎接新生命的诞生，唐军的去世给这个家庭所带来的痛苦仿佛也冲淡了。

几个月后，孩子终于降生。可这个小生命的到来并没有像想象中的那样给江敏带来幸福，反而成了另一个痛苦的开端。原来，孩子早产，一出生就体质虚弱进了保温箱观察。主治医生了解情况后找到了江敏，说："孩子大脑和心脏的发育都偏差一些，这可能与您丈夫长期饮酒有关。虽然目前没有大的问题，但酒精对于孩子中枢神经系统的影响现在我们还不能下定论，你也要多注意一些。"听了医生的话，江敏是忧心忡忡，没想到这酒精不仅要了丈夫的命，更累及了他们的孩子。

可是，江敏没有时间怨天尤人，孩子出生就意味着大量的开销：奶粉钱、尿布钱，光是雇一个保姆，最便宜也要一个月1000块钱。再加上孩子天生体质弱，大病小病不断，医药费又是一大笔。江敏刚做保险，底薪只有一千多块钱，她又没什么门路，就只能每天多跑、多说，接那些别人都不愿接的小单子。每天在外面累得是要死要活，回到家又常常半夜被孩子的哭闹声吵醒。身体的累她也就忍了，可心里的苦压得她喘不过气来。身边的朋友、同事甚至公公婆婆也看不下去了，总劝说着让她再婚。慢慢地，江敏也就同意开始相亲。可没想到的是，这一相亲竟相出了更大的问题。

要说这江敏长得也算清秀，有亲和力又能说会道，不少相亲对象都对她非常满意，可唯一一点就是她的孩子唐念军给她惹了不少的麻烦，让追求者纷纷打了退堂鼓，甚至还有人问她："你这孩子是不是精神上有什么问题呀？"

有一次，有人给江敏介绍了一位姓王的男士，是个儿科医生，各方面条件都特别好。在咖啡馆一入座，王医生就看着珠圆玉润的江敏，很是喜欢。再一看小孩，就更亲切了，马上想和孩子亲近起来，问这问那。但孩子跟没听见一样，看都不看王医生一眼，突然又一个巴掌拍在王医生的脸上。江敏连连道歉，又解释道："我这孩子发育得有点晚。什么都比别人慢，到现在还不会说话呢。"这王医生专注地一边观察一边用各种方法逗小念军。面对江敏的道歉，他摆摆手说："不要紧。你这孩子可能是得了孤独症，我建议你早点带他去看看。给孩子及时治疗比较重要，咱俩的事就先算了吧。"

听了王医生的话，想着孩子刚出生时医生的告诫，江敏顿时觉得五雷轰顶。而到了当地的儿科诊所，孩子更是被确诊为孤独症。虽然关于孤独症的病因尚无定论，但唐念军的情况很有可能是因为酒后怀孕而造成的神经中枢系统功能障碍。要想让孩子今后能像个正常人一样融入社会，就要在今后的很长时间里进行各种特殊教育，而这是需要花费大笔的资金和耐心的。孩子的不幸没有打倒江敏，反却激起了她更大的母性，她发誓就算再苦再难也一定要治好小念军的病。可就在她为了孩子东奔西跑想办法的时候，竟然又发现了一个惊人的秘密。

● 惊现，亡夫背后的隐秘

这一天，江敏在家里翻箱倒柜也没发现她要找的存折，结果却在抽屉里发现了一张冲洗相片的单据。等她有一天顺路去取照片的时候，却一下子惊呆了：所有照片，丈夫都笑得特别灿烂，可他肩并肩走着的、手挽手牵着的、怀里搂着的竟全是另一个陌生的女人！江敏一张一张往后看下去，竟然出现了两人与公公、婆婆四个人的合影，那样子俨然就是一家人啊。她再也按捺不住了，直接冲到了公婆家，一把把照片摔在二老面前说："爸、妈，你们倒是给我解释解释，这是怎么回事？"

见实在是瞒不住了，儿子也已经不在了，这时二老才断断续续地说出了一段故事。原来照片上的女人叫于娜，是唐军之前的女朋友，两人感情已到了谈婚论嫁的阶段。可于家嫌他们穷，死活也不同意把女儿嫁过来，还把她嫁到了另一个城市，唐军也在伤心之余与江敏相识并结婚。可这于娜却一直没跟唐军断了联系，常常借着出差的机会来找唐军。两人偷偷交往，唐国富和刘文娟也知道，于娜始终像是亲生女儿一样地待他们，可两位老人又不希望儿子离婚，就只能是常常暗地里劝唐军跟于娜分手。

丈夫心里有别的女人，背着她搞婚外情，公婆竟还帮着他隐瞒自己。江敏是踉踉跄跄地回到了家，看到那个连"妈妈"都不会叫一声的孩子，再看看为了给他治病几乎空了的家，江敏的心里一阵悲凉，想："唐军你在外面赚钱养女人，却要我卖命替你养孩子！你真是骗得我好苦啊！"想到这儿，江敏便打发走了保姆，抱起孩子就冲到婆家。敲开了门，把孩子往婆婆手里一推，二话不说，转身就走。

她刚一到家，公婆的电话就打来了，说："小敏，是我们小军对不起你。可当初这孩子是你自己要生的，你写的保证书还在我们这儿放着呢。你还是过来把孩子带回去吧。"江敏一听更生气了，说："当初？当初我要是知道他在外面有人，怎么可能给他生孩子？他这种人根本不值得我给他养孩子！"说完，江敏就一下子挂断了电话。一连几天，两位老人无论再怎么打电话，江敏就是不接了。没办法，这一天唐国富和刘文娟只得抱着孩子到她家楼下等着。而这就是我们开头所说的那一幕。

那一天，江敏边哭边跑走了很远，她的内心充满着矛盾和挣扎：亲生的儿子，自己哪能不疼哪能不爱呢？可是丈夫的背叛、公婆的隐瞒，深深地伤害了她那颗原本痴情的心，她心里的委屈和痛苦得不到宣泄，只有把孩子扔给公婆，似乎才能代表她对唐家的某种形式的报复和惩罚，所以她强忍住对儿子的那种牵挂，想获得一种心灵的解脱，然而，江敏解脱得了么？她非但解脱不了还等来了一张传票，原来公婆竟然以小念军的名义将她告上了法庭，要求她履行对孩子的抚养义务。这下江敏更气愤了："你们唐家人太不地道了，做儿子的背叛了我，做父母的作为补偿替我养几天孩子也是应该的，怎么就把我告了呢，这传出去大伙儿还指不定怎么说我江敏狠心呢，不行，这口气我要到法庭上出，这个理我也要上法庭上讲。"

可是开庭那天，江敏到庭上看见昔日的公婆带着三岁的小念军，这眼泪就止不住地往下掉。这时唐国富作为小念军的代理人对法官说："我儿子唐军走的时候，我们怎么劝江敏的？说她一个女人养孩子有困难，不要生。可江敏不听，坚持要生下孩子，还写了不给我们添麻烦的保证书。可现在却将孩子丢给我们，什么也不管，人不照面不说，连电话也不接，我们都是七十多岁的人，哪里有能力承担这个抚养责任？请求法院判决被告接走孩子，承担抚养义务。”

江敏一听抹抹眼泪也说了：“法官，我为什么要生下这个孩子，现在又为什么不管这孩子呢？我想两位老人心里是最清楚的。我生下这孩子是因为我和唐军感情好，可谁知我后来发现他一直在骗我，他去世之前经常和以前的女友在一起鬼混，就在二老的眼皮底下，二老竟然还对我隐瞒一切。现在，我只要一看见儿子就想起唐军这个负心汉，就觉得痛苦。再说了，两位老人光说我应该抚养孩子，难道他们就不应该抚养这孩子吗？孩子与他们也有血缘关系。更何况现在我的经济很困难，我的钱也就只够养活我一个人，所以我要求将孩子放在他的爷爷奶奶处抚养。”

江敏这一番话听起来入情入理，但是不是真的有理呢？恐怕还要作个法律上的分析。江敏认为自己不应该承担抚养义务，有三个理由：一是死去的丈夫背叛了她，所以她不抚养儿子；二是爷爷奶奶与孩子也有血缘关系，也有抚养义务；三是自己经济困难，养不起。

首先要问，父母对子女的抚养义务可以免除吗？是不是丈夫背叛我了，我就不养儿子了？这是不能的。

≫ 法点链接：父母对子女的抚养义务

我国婚姻法第二十一条第一款规定：“父母对子女有抚养教育的义务……”可见，父母对子女的抚养义务是一种法定的义务，不因任何原因而免除，就算父母感情破裂、离异，也不能免除这种义务。当江敏发现死去的丈夫背叛自己之后，产生了不替死去的丈夫抚养孩子的想法，心情可以理解，但情感不能代替法律。

这里还要提醒大家，最新出台的《最高人民法院关于适用〈中华人民共和国婚姻法〉若干问题的解释（三）》第三条还规定，即便夫妻双方没有离婚，是在婚姻关系存续期间，父母双方或者一方拒不履行抚养子女义务，未成年或者不能独立生活的子女请求支付抚养费的，人民法院应予支持。这将对未成年子女的权益提供更加切实、完整的保障。

再看第二个问题：爷爷奶奶对孙子有没有抚养义务？答案是“不一定”！爷爷奶奶对孙子的抚养叫隔代抚养。

» 法点链接：隔代抚养义务

隔代抚养，就是祖父母对孙子女、外祖父母对外孙子女的抚养。隔代抚养什么情况下才成为义务，是要看条件的。婚姻法第二十八条规定：“有负担能力的祖父母、外祖父母，对于父母已经死亡或父母无力抚养的未成年的孙子女、外孙子女，有抚养的义务……”可见，隔代抚养要符合两个条件：一个是承担隔代抚养的义务人“有负担能力”，另一个是“父母已经死亡或父母无力抚养”，这两个条件，缺一不可。第一个条件，判断是否有负担能力，目前并无明确标准。普遍认为，有负担能力是指义务人在保持自己家庭正常生活的前提下尚有余力。唐国富、刘文娟夫妻都已年过七十，已经不能工作赚钱，虽然有退休金，但这要留作他们自身的生活保障，而且老人从体力上说也是力不从心，没有管教小念军的能力。第二个条件是“父母已经死亡或父母无力抚养”，父母一方死亡是不行的，而“父母无力抚养”主要指父母一方面因病、残而丧失劳动能力，另一方面又无维持基本生活的经济来源。

那么江敏说自己经济困难，她是不是就属于这种“无力抚养”的情形呢？这就是第三个问题。答案是：不属于！因为本案中江敏不是病、残或丧失劳动力了，没有一点收入来源了，她是有劳动能力的，也有收入，虽说每月1000块钱承担抚养儿子念军的教育抚养义务确实很困难，但是基本的生活是能够维持的，买不起好的奶粉可以买普通奶粉，不能满足高质量的喂养可以适当降低喂养标准。

这样一分析，大家就清楚了，本案中爷爷奶奶不属于有负担能力，江敏也不属于无力抚养，隔代抚养的两个条件都不具备，如果爷爷奶奶愿意抚养孙子，当然没问题，但如果不愿意，那法律上也是不能强制的。

在法庭上，法官也把这个道理跟江敏说明白了，特别强调了经济困难也不能免除她对儿子的法定抚养义务，另一方面法官也考虑到本案的特殊情况，对唐国富和刘文娟做了大量调解工作，希望他们能够对江敏作些经济上支持。这一来，双方也都想通了，顺了气，江敏表示愿意把儿子领回去，老两口也表示在有生之年每月补贴500元供小念军作教育费。案子也就以调解的方式顺利结案了。

案子结束了，看着无辜的孩子，回忆着与唐军曾经度过的日子，悔恨、愧疚、自责，一瞬间涌上江敏的心头。她紧紧抱住自己的小念军。唐国富和刘文娟见到此情此景，也对江敏更添了一份体谅。

由于丈夫生前的过错、公婆的隐瞒，导致妻子不愿抚养孩子，以逃避责任来报复丈夫。虽然从情理上，我们能够理解江敏的行为，但身为一名母亲，这种逃避对孩子抚养义务的行为，不仅不能被大家接受，也不为法律所允许。

台湾女作家三毛曾经说过：世上许多事情，只要甘心，吃了多少苦头都不会受到伤害，它们反而成就了一种可贵的印记和生命的痕迹。一卷尘封已久的相片，令本案的江敏由甘心走向了不甘心，还让儿子小念军的三个至亲对簿公堂。不可否认，一个女人总是在深爱着她的男人时，才会为他怀孕生子，然而一旦小生命来到世间，这种父或母对孩子的爱，就将成为永恒的责任，不应受到夫妻间的悲欢离合或种种纠葛的不良影响。诚然，作为一位单身妈妈，江敏的生活是艰难的，但如果通过这样的一场周折，她能重回心甘情愿地付出无私母爱的心态，让孩子生活在希望和至亲的关爱中，她收获的将是更高的道德评价和更有意义的人生。

一“字”百万

·关键词·

未达法定婚龄　仪式婚　补办结婚登记　争夺抚养权　财产分割

2009年3月的一个中午，福建省某市的一个广告公司楼下，站着一胖一瘦两位五十多岁的中年女子，一个劲地往楼里边张望，显得非常焦急。这时，楼里边出来了一个年轻的女人，她一边直奔两人而来，一边喊着：“妈，你们怎么在这啊？我是不会跟你们回去的！”这瘦大妈是唉声叹气：“女儿啊，不是妈说你，事情过去就过去了！你不能这么任性啊！你赶紧带着孩子跟你婆婆回去吧！”这时胖大妈也急得快哭出来了：“那件事情都是我这个做老人的太自私了，你要惩罚就惩罚我吧！可孩子不能没有爸爸啊！跟我回去吧！”面对两位老人的苦苦哀求，年轻女人似乎是毫不动容，她坚定地说：“妈，您不用劝我；婆婆，您也不用道歉。既然当初他作出了那样的决定，就等于是谋杀了我，我是绝对不会原谅他的！”说完，年轻女人一转身，头也不回地走了。

究竟怎么回事呢？如果仅仅是简单的小两口吵架，母亲和婆婆一起来劝，又怎么会涉及“谋杀”这样严重的指责呢？年轻女人的丈夫究竟做了什么事，让妻子如此痛恨呢？这场家庭矛盾背后究竟隐藏着怎样的秘密？故事还得从头说起。

● 父母之命，十九妙龄嫁老乡

这个看似冷漠无情的年轻女人叫做林谚，时年24岁，出生在邻省一个不太富裕的农村家庭，很小的时候就没了父亲，是母亲辛辛苦苦靠干农活儿养大了她和弟弟林海。高考的时候，林妈妈是抹着眼泪跟女儿商量：“妈知道你想考大学，可家里没钱啊，咱能不能就读个中专，学个一技之长，将来早点找工作啊？”懂事的林谚听了妈妈的话，进了福建的一所中专学习平面设计。毕业后在当地一家知名广告公司当起了初级助理，说白了就是打杂，每天最早到、最晚走，工资一个月也只有600块钱，但林谚非常热爱广告行业，所以干得特起劲、特高兴，憧憬着有朝一日能够凭着自身的努力成为一名优秀的广告人。然而这一天，母亲的一个电话却从此改变了她的人生。

林妈妈说：“谚子，妈给你说了个对象！是咱老乡，抽空见个面吧！”林谚一听愣住了：“妈，我才18岁！还小呢！谈恋爱的事我还没想过，我不想见！”林妈妈叹气：“妈辛苦这么多年不就盼着你有个好归宿吗？你有了婆家，妈这个心呀也就操到头了！”林谚从小就听话，为了母亲她只好答应先见个面。可没想到，这一见面，自己的抵触情绪竟然荡然无存了。

这人叫冯志强，28岁，也是苦孩子出身，初中毕业就独自闯荡，靠着自身努力已经成为了一家私营企业的副总经理！虽然两人整整差了10岁，但这种相似的奋斗经历却让他们一见如故，林谚甚至对这个冯大哥有了几分崇拜之心。再加上这天以后冯志强就开始处处照顾林谚，看她经常熬夜，就买了补品送去，怕她太晚回家不安全，就开着车每天接送。对于林谚来说，一个刚刚成年的女孩身在异乡，即使再坚强、再独立，还是向往有个肩膀可以依靠，所以渐渐地接受了这种关心和爱意，她的想法是顺其自然，反正恋爱可以慢慢谈嘛。但她没想到，冯家人和林妈妈并不这样想。

这不，就在这年的春节，两人一起回了老家，这冯志强的母亲冯妈妈就说了："谚子，我和你妈都商量好了，今年六月你们就把婚事办了吧！"林谚吓了一跳："这么快？我才19岁，结婚证都还领不着呢！"冯妈妈说："那怕什么？我们农村还不都是敲锣打鼓办了酒、娶进家门就算定了？再说我找人算了一下，你们必须今年结婚才能生男孩儿！证就以后再领吧！"林妈妈也说："别犹豫了！妈彩礼都收了，你嫁过去自己也不用受苦了，我这个做妈的也省心了！"这下林谚也无话可说了，于是就在2004年6月，两人在家乡办了酒、拜了堂，开始共同生活了！

婚后冯志强对林谚的家人也很不错，林海的学费他都一手包揽，林谚觉得自己很幸运，有了能干的丈夫，不再有生存的顾虑，于是她就希望可以一边闯事业，一边照顾好家庭，但对于年纪轻轻的她来说，顾好一头容易，两方面都想平衡却非常困难。比方说，组里搞活动，老板请大家吃饭，林谚就说"我去不了，我要回家给老公做饭"；公司签了大单，上上下下都加班，林谚又说"我得提前走，陪我婆婆去看病"……弄得老板对她很不满意。但如果以工作为重吧，丈夫和公婆又会唠叨："没挣几个钱，那么拼命干嘛。"有一天，矛盾终于爆发了。

● 婆家发难，为保胎儿弃梦想

这天是冯志强的生日，林谚出门时婆婆还提醒说："早点回来，记得买个生日蛋糕！"可临下班老板说："今天集体加班，谁也不许请假！尤其是你，林谚，今天再不加班就走人吧！"林谚只好给丈夫打了个电话就留在了公司，饿着肚子紧赶慢赶，直到晚上12点才回到了家。刚一进门她心里就一惊，这么晚了，丈夫和公婆居然端坐在沙发上等着她呢。婆婆严肃地说："我儿子有房有车，娶你不是让你赚钱的，你还是辞职吧，就好好在家给我们生个孙子，这比什么都强！"林谚哭了："我工作不为钱，广告是我喜欢做的事啊！"冯志强说："我马上就要开自己的公司，家里没人照顾也不行，你就听妈的，等生了孩子你再回去工作也不迟啊！"

这样一来，在丈夫和婆婆的压力之下，林谚带着遗憾辞了职，而冯志强也把公司开起来了。转眼三年，冯志强的公司是越做越大，可林谚的肚子却还没大起来。婆婆急了，成天煲汤抓药，给儿媳妇调理身子，直到2008年的3月，林谚终于怀孕了。

这下子，全家人高兴坏了，婆婆说："你们这个结婚证不能再拖了，否则没办法领取准生证，孩子生下后上不了户口。"于是小两口赶紧奔回老家的民政局，冯志强对工作人员说了实话："同志，我俩在一起生活四年了，一直没领证，现在她怀孕了，如果补办手续，不影响领准生证吧？"工作人员说："不影响，你们填一下这个补办申明，写清楚什么时候以夫妻名义共同生活的，回头拿着这些材料找计生委办证就行了。"于是两人按照工作人员的指导办理了结婚登记手续，随后又领取了准生证。

接下来的几个月，冯家人对林谚照顾得无微不至，冯志强也没把心思放在生意上，有事没事总在家陪老婆。然而等到要生的时候，却急坏了所有人。因为林谚一贯体质弱，加上盆骨窄小，居然出现了难产现象。大家守在手术室门外忧心忡忡，好不容易经过几个小时的手术后，人们听到了一声响亮的啼哭声，接着护士出来宣布："母子平安！"所有人这才松了一口气，更令公婆欣喜的是，林谚生的是个大胖小子。这以后，冯家人对林谚更是好得没话说，还给林妈妈在老家翻修了房子，给没考上大学的林海在城里找好了工作。林谚这时才觉得，当初辞职是对的，女人回归家庭才是真正的幸福。但她怎么也没想到，仅仅在半年之后，她的幸福就一下子像肥皂泡一样破灭了。

● 惊悉真相，鬼门关前曾遭弃

那一天，林海突然来到姐姐家，支支吾吾说了半天，原来他和朋友看中了一个投资项目，想跟姐夫借30万元做生意。冯志强说："你现在打工不是挺好嘛？要是还不满意，就到姐夫公司来帮忙吧。不是我不借钱给你，是这个项目不行，钱投下去肯定打水漂！做生意不是人人都能做的，要有眼光！"林海自尊心很强，听姐夫这么一说脸变得通红："不借就不借，用不着假心假意的。"林谚一拍桌子教训起弟弟："你怎么说话呢！去给你姐夫道歉！"林海赌气地站起来就要走，林谚气得冲上去把弟弟拦在了门口："你怎么不知好歹呢！你姐夫还不是为了你好，要不是自家人谁会告诉你实话！"林海也被逼急了："你才不知好歹呢！他别以为他对你多好！你难产的时候他签的保孩子你知道么？姐我告诉你吧，要不是你命大现在早就死了！"林海说完这话摔门而去，而林谚呢也一下子傻在了那里，弟弟说的这是怎么回事呢？至此，一段真相才浮出水面。

原来，林谚难产时医院要求家属签手术单：“保孩子还是保大人？”冯志强当时已经完全懵了，冯妈妈一个箭步冲上来：“当然是保孩子了！”于是冯志强哆哆嗦嗦写下了“保孩子”。当时林妈妈和林海都在路上，等他们赶过来，听说冯志强没保大人，林妈妈一边哭一边说：“你们好狠心好糊涂啊，只要我女儿命在，以后不是还能再生嘛！”而林海更是气得一拳打在了冯志强的脸上。不过好在最后两条生命都保住了，一家人皆大欢喜。事后林妈妈还特意嘱咐儿子：“记住，为了你姐好，这事儿要瞒她一辈子！”可谁知道血气方刚的林海被逼急了竟说出了真相！这时的冯志强一看也瞒不了了，当场给妻子跪下：“我一时糊涂啊！我当时已经吓傻了，妈说要保孩子我就莫名其妙地写上了啊！”林谚泪水夺眶而出：“你别把责任往别人身上推！都什么时代了，你怎么会写保孩子呢！看来你根本就不在乎我的死活，只想要孩子！”又伤心又气愤的林谚说完哭着跑出了门，她无法接受这样的真相，更不想看到那个口口声声说爱她却置她生命于不顾的男人。

这天晚上，无处可去的林谚把电话打给了几年前在广告公司一起做助理的小张，想得到一些安慰。可没想到，见到小张，她心里更堵得慌了。原来，短短四年的时间，当年不如自己的小张已从小助理做到了文案主管，月薪上万不说，有车有房，还嫁给了部门经理！再看看自己呢？一个十足的家庭主妇，公婆和丈夫对自己看似不错实际却是沾了孩子的光，自己简直就是一个生育工具，当年做广告的梦想已经离她那么遥远了。可小张却说：“不晚！现在开始做个事业独立、经济独立、人格独立的现代新女性一点都不晚！公司正招人呢！怎么样？要不要从头再来？”就这样，在小张的帮助下林谚重新回到了公司，这时她的心态已经完全变了。婚也结了，孩子也生了，最后落得空欢喜一场，却是在工作中重新找回了自己的价值。接着她在公司附近租了房子，把母亲接来，抱着孩子搬了出来。她想用这种方式告诉所有人，她要做一个独立自主的新女性。可没想到，婆婆竟然找到了母亲，两人一起来到公司，劝她回家！这就是我们开头所说的一幕。

冯志强看母亲和丈母娘没有劝回林谚，只好自己出马，没想到三言两语吵了起来，冯志强说："这日子你还过不过，过就回家，你这样怪我什么时候是个头？"林谚被逼急了，说："保孩子的事我谁也不怪，怪就怪我自己早早结了婚，分不清什么该放弃什么该坚持。现在我要为自己的梦想再努力一次！如果你不接受现在的我，咱们就离婚吧。"两人不欢而散，不久，林谚将冯志强告上了法庭，要求离婚，儿子归自己抚养，并且要求分割房产、存款和公司股权等夫妻共同财产共计500万元。

冯志强接到传票赶紧找林谚："你要离婚我也同意，但我们好和好散，孩子给我，财产分你一半！"林谚一口回绝："到现在你的心里还就只有孩子！法律规定两岁的孩子都判给母亲，我是不可能给你的！"冯志强却说："那你可想清楚了，我们领证才一年多，财产都是我婚前的，你要是不给我孩子，也就能分个三五十万！"这下，林谚心里没底了，对啊，虽然和冯志强在一起五年多了，但结婚证可是领了没多久啊，自己能分到多少财产呢？她很快找到了律师，律师听完整个情况，对林谚说："虽然仪式婚在我国是没有法律效力的，但你这个案子情况特殊，财产分割很有希望！"这一来，林谚心里才有了点底。

到了法庭，双方果然为了林谚能不能分割领取结婚证之前冯志强取得的各项财产这个问题展开了激烈的交锋。冯志强的律师说："原被告虽然自 2004 年 6 月举办仪式婚并共同生活，但直至 2008 年 3 月方登记结婚，此前两人只是同居关系，房产是在同居期间购买，公司是在同居期间成立，均登记在被告一人名下，属于其婚前个人财产，原告无权分割，只有 2008 年 3 月之后取得的公司收益才是夫妻共同财产，经核算，只有 70 万元，所以原告只能分到 35 万元。"那么冯志强的律师说得对么？

法点链接：同居关系财产分割

同居关系和婚姻关系，在财产分割时首先一点重大区别就是可以分割的财产范围不同，根据 1989 年的最高人民法院《关于人民法院审理未办结婚登记而以夫妻名义同居生活案件的若干意见》第十条规定："解除非法同居关系时，同居生活期间双方共同所得的收入和购置的财产，按一般共有财产处理。"通俗地讲，就是出了钱就有份，出了多少钱就有多少份，没有出钱就没有份。按照这个理论，除非林谚能够证明房子和公司她出了资，她才可以按出资比例分割，否则是无权分割的。

听到这，有人会失望，可接下来林谚的律师说："请法庭注意，本案中，原被告双方并不是普通的同居关系，因为他们在 2008 年 3 月办理的不是普通的结婚登记，而是'补办结婚登记'。这种情况下，他们的夫妻共同财产累积应该从这份证据上登记的他们共同生活之日起算。原告有权分割房产和公司股权。"说着，律师向法庭提交了一份证据。那么律师说的"补办结婚登记"是什么意思呢？提交的又是什么关键证据呢？

》法点链接：补办结婚登记

我国婚姻法第八条规定："要求结婚的男女双方必须亲自到婚姻登记机关进行结婚登记。符合本法规定的，予以登记，发给结婚证。取得结婚证，即确立夫妻关系。未办理结婚登记的，应当补办登记。"这是2001年修正后的婚姻法提出的，主要是针对符合结婚条件的男女，未经登记而以夫妻名义共同生活的，为了引导他们正确认识婚姻关系和婚姻关系当事人在婚姻关系中的法律地位而增补的一条。

乍一看，补办结婚登记与同居后进行一般登记并没有什么区别，很多同居的朋友们也往往不是补办登记，而是只作一般的登记，其实这两种登记方式对于夫妻双方权利义务的影响可以说有着天壤之别！

首先，从形式上说，按照民政部《婚姻登记工作暂行规范》第三十五条关于"申请补办结婚登记的，当事人填写《申请补办结婚登记声明书》，婚姻登记机关按照结婚登记程序办理"的相关规定，工作人员会要求双方填写一份《申请补办结婚登记声明书》，其中有一项内容，就是申明：本人与对方自某年某月某日起以夫妻名义同居生活，现均未再与第三人结婚或以夫妻名义同居生活……而如果不是补办，只是一般的登记，填写的就是《申请结婚登记声明书》，只申明："本人与对方均无配偶，没有直系血亲和三代以内旁系血亲关系，了解对方的身体健康状况。"本案中，林谚的律师向法院提交的关键证据就是从婚姻登记机关复印的由林谚与冯志强亲笔填写的《申请补办结婚登记声明书》，上面记载两人从2004年6月就以夫妻名义同居生活。

其次，从法律后果上说，《最高人民法院关于适用〈中华人民共和国婚姻法〉若干问题的解释（一）》第四条明确规定："男女双方根据婚姻法第八条规定补办结婚登记的，婚姻关系的效力从双方均符合婚姻法所规定的结婚实质要件时起算。”结婚的实质要件有三个：结婚双方当事人自愿，双方须达法定婚龄，不存在禁止结婚的情形。也就是补办登记的，什么时候符合这三个条件，他们婚姻效力就从什么时候算起。如果在同居之前就已经符合条件的，就从声明书中确定的同居生活之日算起。

本案中，林谚与冯志强同居时，林谚只有19岁，未到法定的结婚年龄，但到了同居的第二年，林谚已经年满20周岁，具备了结婚的实质要件，因此，他们的婚姻效力应该从林谚年满20周岁之日起算。这样一来，公司成立和房产购买都是在林谚20岁之后发生的，无疑都属于夫妻共同财产。

最后，法院经过审理，确认双方从2005年4月林谚年满20周岁之日起存在婚姻关系，判决两人离婚，婚生子由林谚抚养，公司、房产和存款价值五百余万的夫妻共同财产双方平均分割。

拿到判决书，林谚不禁感到庆幸，“补办结婚登记”与“办理结婚登记”虽然只有一字之差，法律效力却有天壤之别。可以说，林谚在离婚时分得两百多万的财产就是这一个“补”字“补回来”的。然而，在林谚看来，19岁开始婚姻生活、20岁为了丈夫放弃梦想的她，失去的已经太多，她也希望把那些她曾经失去却不能用金钱来衡量的东西，尽快用自己的独立和努力补回来。

回首本案，丈夫因为“一念之差”失去了妻子，而妻子因为“一字之差”补回了应得的财产。生儿育女，本是人间喜事，却在这个原本和睦的家庭里转变成了婚姻悲剧，实在令人惋惜。世间伉俪，如果男人总对女人多一份珍重疼惜，女人总对男人多一份宽容理解，那么天长地久，一定可以拥有。

女模特的噩梦婚姻

·关键词·

明星梦　潜规则　离婚上诉期　婚内强奸　同居权

在2010年10月的一天，江苏省某市一个高档小区4号楼里，一对小夫妇正贴着自家的墙壁，偷听隔壁邻居家的动静。因为隔壁新搬来一个在当地颇有名气的女模特，独来独往非常低调，可这天晚上，隔壁却突然响起女模特和一个男人的争吵声，其间还掺杂着扭打撕扯的声音，听得这对小夫妇是十分好奇。然而就在这时，只听一声尖叫，隔壁的门“砰”的开了，接着就响起了一阵急促的敲门声：“救命啊！有没有人？快帮我报警啊！我被强奸了！”这小两口吓得赶紧开门一看，只见这个漂亮的女模特此时是披头散发，脸上、身上都是伤，身上的真丝睡袍也已被撕得破破烂烂。可还没来得及问，一个男人紧跟着就冲了过来，拉着女人就往隔壁屋里拽，还一边说：“别多管闲事！她可是我老婆！”可女人却挣扎着说：“你们赶紧报警，他不是我老公！”男人很快就把女人拉进屋，“砰”的甩上了房门。剩下这小两口你看我我看你，心说这是怎么了？这美女模特与男人之间究竟是什么关系？这场争吵和厮打到底是夫妻吵架还是女人所说的强奸呢？这美女模特的背后又究竟隐藏了怎样的故事呢？我们还得从头说起。

● 明星梦，牵出好姻缘

这个知名的美女模特名叫杨梅，时年26岁。四年前，她考到这座城市，在一所名牌大学的新闻系攻读研究生，虽然杨梅很喜欢自己的专业，但她还有个明星梦，就是要成为出色的模特。要说这杨梅，身材高挑、长得漂亮，从小学到大学，一直是公认的校花，身边的人总是会问：“杨梅，你身材这么好，不当模特太可惜了吧？”这样一来，杨梅自个儿也开始渴望有一天也能站上T形台，成为万众瞩目的焦点。可当模特哪那么容易，杨梅只是在心里想想也就算了。可她没想到，自己无意中看到的一条广告竟给梦想打开了一扇大门。

原来是一家演艺经纪公司正在招聘车模！杨梅赶紧投了简历。可当她来到面试地点一看，心里没底了，来的女孩哪个不是又漂亮又高挑？而且多少都有些表演经历，自己哪有什么优势？等到她进场，主考官就问：“你是名牌大学高材生，当车模不觉得可惜吗？”杨梅回答：“正相反，我的学历和文学底子能帮我更好地理解美、展示美。”一听这话，主考官笑了，递过一张名片：“面试后先别走，我再跟你谈谈。”杨梅接过一看，是又惊又喜，原来眼前这个看上去不到三十岁的主考官，竟然就是公司的董事长沈天！得到董事长赏识，杨梅心里别提多高兴了。可她没想到，没过多久这惊喜就变成了

、

沮丧。

面试一结束，沈天果然把杨梅叫进办公室："你表现不错，很有希望胜出，今晚我请你唱歌，再把当车模的细节跟你说一下。"杨梅心里"咯噔"一下：模特圈的风言风语她没少听说，这沈董事长该不会是对自己有什么想法吧？杨梅当时就拒绝了："今晚我学校有事，咱们还是改天再说吧。"说完逃跑似的回到了学校，她的心情沮丧到了极点，看来自己根本就不是当模特的料，人家不过是请唱歌，就害怕成这样！心想拒绝了演艺经纪公司的老板，这拍广告还有希望么？所以复试杨梅根本没参加，可没想到，几天后她竟然又接到了沈天的电话！这是怎么回事呢？

这沈天是快言快语："那天复试你怎么没去啊？不过没关系，现在又有一个机会，有个杂志要拍一组校园题材的图片，你的学生气质非常符合要求。咱们今晚找个地方聊聊吧！"这一次杨梅豁出去了，即便是真有所谓的"潜规则"，她也不想错过机会，一定要试试看，于是斩钉截铁地答应了。可这整晚上，她是坐立不安，双手不由自主地捏紧了包里的一瓶发胶，心想他沈天要敢有什么动作，我就掏出发胶来喷他的眼睛。可没想到，沈天一直都规规矩矩坐在对面，全神贯注地讲解着公司文化和行业规则，什么也没有发生。此后沈天果真安排杨梅接拍了这组广告，弄得杨梅直为自己的小心眼儿而内疚。可是没过几天，因为沈天的一句话，杨梅又被吓出一身冷汗，怎么回事呢？

原来，这天沈天拿着广告样刊来找杨梅，随口说了一句："你可算梦想成真了，就不打算报答报答我这个伯乐？"杨梅心里一沉：还以为他真是什么正人君子呢，这不，真面目露出来了吧，肯定得提什么过分的要求。沈天似乎看出杨梅的心思："看把你吓的，我就是想让你陪我去见一个人。”这个人是谁呢？沈天一路开着车来到了养老院，直接就进了一间高级病房，只见一位满头白发的老人手舞足蹈，高兴得像个小孩：“孙子，你带女朋友来啦，真漂亮啊！你们什么时候结婚啊？”杨梅一听羞得满脸通红，沈天赶紧小声解释：“我爷爷是老年痴呆，你别计较啊！”

原来沈天的父母在他 8 岁时就因车祸去世了，是爷爷一手把他带大的，从小他就下决心闯出一番事业来报答爷爷，于是大学毕业后就跟朋友合开了这家演艺经纪公司，还真干出了点名堂，可爷爷这时却出现了老年痴呆的症状。说到这儿，沈天有些哽咽，杨梅只觉心里一动，握住了沈天的手：“别难过，以后我有时间就多替你来陪陪爷爷。”其实几次接触下来，杨梅早就对正派的沈天抱有好感，再看到他这份孝心，更觉得心动。而沈天也对杨梅另眼相看，因为他见过的想借着他往上爬的女孩太多了，可眼前这女孩却洁身自好，宁愿放弃机会也不随便赴约，太难得了！就这样，两个相互欣赏的年轻人陷入了热恋，半年后，杨梅到学校开出了同意她结婚的证明，和沈天到民政局领取了结婚证。

婚后，杨梅搬进了沈天的高级公寓，并主动把爷爷接了回来，除了上课，她都在家里陪伴老人，晚上沈天回来，就一起推着老人去散步，沈天总是搂着妻子说：“能娶到你这么漂亮、这么有才又这么贤惠的老婆，真是我八辈子修来的福气啊！”可没过多久，这新婚的幸福就破裂了……

● 丈夫的偏见，引爆夫妻内战

一天晚饭时，杨梅跟丈夫说：“最近学校没什么事，爷爷的状态也不错，公司要有好的广告单，就安排让我去吧。”可没想到沈天一听却变了脸："我说你一个名牌大学研究生，毕业后找个正经工作多好，收入高还能照顾家，为什么非得当模特拍广告啊？再说了，我也不想让自己的老婆出去这么抛头露面的！"杨梅很不高兴："你明明知道当模特是我一直以来的梦想，当初你不是还欣赏我、鼓励我吗？现在怎么说变就变啊？"沈天却说："当初那能一样么？当初你是我的员工，当模特是给我赚钱！现在你是我的老婆，当模特就是给我丢脸！"两人吵了一整晚，这以后，只要杨梅提起当模特拍广告的事，夫妻俩就免不了一番争吵。终于有一天，两人的矛盾彻底爆发了！

这天，杨梅正在厨房做菜，沈天怒气冲天地回来了，一进门就把一本杂志摔到了杨梅眼前："你拍的这是什么？穿这么少还有脸上杂志？"原来杂志上刊登了几幅杨梅背着丈夫接拍的身着泳装的减肥药广告，沈天上班看见几个员工拿着杂志边笑边议论："咱董事长夫人的身材还真不错啊！"沈天一看暴跳如雷，这才回来兴师问罪。没想到杨梅却很平静："既然你看见了，那咱们今天就把话说明白！你不给我介绍活，有别的公司欣赏我！以后我自己的事我说了算！"沈天一听气得话都说不出来，抬手就给了杨梅一巴掌。这一巴掌下去，两个人都愣住了，好一会儿杨梅才反应过来，大哭着冲出了家门。之后的几天，她都住在学校宿舍，沈天去过学校两次，但杨梅还在气头上，不肯回家，他只好先赶到外地筹拍一个重要的广告，心想，杨梅也就闹闹脾气，几天之后就会回家，像她那样善解人意的女人，绝不会丢下爷爷不管的。谁知道，三个月后沈天回来，竟然发现杨梅还没有回家，而家里除了爷爷，还多了一个陌生的女孩。这又是怎么回事呢？

女孩说："我是杨小姐请来照顾沈爷爷的。"原来，杨梅在报纸上看到全市青年模特风采大赛的广告，就报了名，为了准备充分，她每天都在学校的体操房练功到深夜，所以还是住在学校，不放心爷爷一个人在家，就到家政公司聘请了一个小保姆。而经过几个月的努力，杨梅在比赛中表现非常出色，竟然获得了亚军！这不，得奖后杨梅跟着组委会到三亚旅游去了。小保姆指着桌上的奖杯说："您看，这就是杨小姐的奖杯。杨小姐好厉害哦！"一听小保姆如此兴奋，沈天气不打一处来，冲过去拿起奖杯狠狠砸在地上，把小保姆吓得目瞪口呆。就在这时，门开了，杨梅回来了，气愤地指着沈天："你疯了！这是干什么？"沈天情绪仍然很激动："干什么？你看不到么！我不让你当模特，你还背着我参加比赛，还好意思到处炫耀？当初结婚时怎么说的？你不是答应要跟我一起照顾爷爷吗？你倒好，把爷爷丢在家里，自己跑去外面卖肉去了？"听到丈夫如此口不择言，杨梅受不了了，她终于爆发了："你不让我当模特可以，但你不能这样侮辱我！既然你看不起我，那这日子也别过了，我们离婚！"说完摔门而去，回到了学校。而沈天对于杨梅的爆发并没有在意，心想，你不回来就算了，我一个大男人可不去求你。然而两个月后他竟接到了法院的传票，杨梅起诉离婚了！

沈天特别生气，来到法庭就跟法官说："我与原告挺恩爱的，结婚才一年时间，凭什么要离婚啊！"杨梅说："恩爱？你不让我做自己喜欢的工作，还干涉我的自由，侮辱我，这也叫恩爱？我们结婚才一年，就分居了五个月，这也叫恩爱？我坚决要求离婚。"

杨梅说得理直气壮，而我国婚姻法第十五条也确实规定："夫妻双方都有参加生产、工作、学习和社会活动的自由，一方不得对他方加以限制或干涉。"但该条只是从男女平等、夫妻平等的角度所作的原则性规定，一方违反了该规定，情节轻微的只是批评、教育，而并非人民法院判决离婚的法定条件。另外，在婚姻法第三十二条规定中，第四项“因感情不和分居”也要求满二年，杨梅和沈天分居仅五个月，也不符合条件。

所以，法院认为杨梅和沈天是自由恋爱，婚后感情一度也比较好，现在发生矛盾主要是双方在女方择业上意见不同，但这不足以造成夫妻感情破裂，应该本着互谅互爱、互相理解的精神好好珍惜这段婚姻，判决不予离婚。

● 离得了的婚，逃不开的恶魔

拿到判决书的杨梅非常希望丈夫能表个态，说一句支持她的模特事业的话，她就回去好好过日子，但令她失望的是，虽然沈天多次到学校劝她回家，每次都还顺带劝说她找份稳定的工作不要做模特云云，于是杨梅决定继续分居。毕业后，她坚定地签约了一家经纪公司，做起了专职模特，因为她的天资和努力，杨梅的知名度越来越高，半年后，她购买了一套高级公寓，并再次到法院起诉：要求离婚！

这次法院认为女方态度坚决，而且第一次判决后双方一直分开居住，没有夫妻生活，没有和好迹象，故认定夫妻感情确已破裂，判决离婚。杨梅长舒一口气，觉得自己终于解脱了！可沈天却无法接受这样的结果，自己明明没什么错，竟然被女人给甩了？这怎么能甘心呢？

当天晚上，沈天来到杨梅的公寓，一进屋就一把抱住了杨梅：“老婆，我要是同意你当模特，这婚咱能不能不离了？”杨梅摇头：“法院判决书都下来了，你现在说这些也太晚了吧！”沈天不依不饶不撒手：“法院不是说这判决还没生效，还能上诉么？只要你点头，我马上就去上诉！”杨梅却一边挣脱一边说：“还上什么诉？我们的感情早就没了，你该放手就放手吧，我已经不是你老婆了。”一听这话，沈天受了刺激，突然喊了起来：“你怎么不是我老婆？法院判决离婚不就是说咱们一直没过夫妻生活么？行啊，今天我们就过个够，过完了，我明天就去上诉！”说着便一把把杨梅推到了卧室的床上，杨梅拼命挣扎、呼喊：“你放开我！我们已经离婚了！你这是强奸！”可沈天这时却发疯似的把杨梅两手按在床上，扯碎了她的衣服，强行跟杨梅发生了关系。等到他终于心满意足地穿好衣服，愤怒的杨梅却使出浑身气力，一把推开他，冲出门外求救。这就是我们开头所说的一幕。

沈天强行把杨梅拉回房间，心想，你还敢哭哭啼啼说我强奸，一股怒火又升了上来，又把杨梅按到沙发上要欺负。可就在这时，门外响起了急促的敲门声：“开门，我们是派出所的。”原来隔壁的小两口觉得不对劲，最终选择了报警，而杨梅也一再哭着向办案人员强调自己不是自愿，要求严惩沈天。公安机关查清楚后把案子移送到了检察院，检察院对沈天向人民法院提起了公诉，要求判处强奸罪。

沈天怎么也没想到，自己不过是对杨梅使用了一点蛮力，就闹出这么严重的后果，于是在法庭上他是大呼冤枉：“判决书还没生效，她就是我老婆，天下哪有老公强奸老婆的道理啊？”可公诉人却说：“丈夫强行和妻子发生性关系也是强奸，这属于‘婚内强奸’。”

» 法点链接：婚内强奸

婚内强奸是指在夫妻关系存续期间，丈夫以暴力、胁迫或者其他方法，违背妻子意志，强行与妻子发生性关系的行为。

婚内强奸是否构成犯罪？这在理论界和司法实践中都有一些争

议，有的人认为不构成犯罪，因为夫妻之间享有同居权。

》法点链接：同居权

同居权是指男女双方在缔结婚姻后，所享有的要求对方和自己共同居住于某一场所进行共同生活的权利，包括夫妻共同寝食、相互照顾和进行性生活。

所以有观点就认为，同居权既是权利，也是义务。男女双方既然能够缔结婚姻，就意味着彼此对性生活的同意，如果女方拒绝性生活，应当认为是对同居义务的违反，那么丈夫强行与之发生关系就是正常行使权利的行为，不构成犯罪。

笔者认为这种观点是片面的。我国婚姻法及相关司法解释并没有明文规定夫妻之间有同居权，虽然从婚姻关系的基本原理可以推导出夫妻间同居权的相关理论，但并不是允许一方无条件地行使权利，因为婚姻法第四条规定："夫妻应互相忠实，互相尊重……"同时婚姻法第十三条还规定："夫妻在家庭中地位平等。"这就是说夫妻间还有相互尊重的义务，要相互尊重对方的人格、人身自由，不允许一方强制另一方做任何不情愿的事情，包括性行为。况且性生活应当是夫妻之间自然默契的灵与肉的交流，首先应当是以自愿为前提的。

另外，我们再从刑法的角度看，根据刑法第二百三十六条的规定，强奸罪是"以暴力、胁迫或者其他手段"强行与妇女发生性关系的行为。这里说的是"妇女"，而妻子从身份上说首先是一名妇女，其次才是配偶，同时我国法律及相关的司法解释并没有例外的规定，把丈夫排除在强奸罪的犯罪主体之外。而承认婚内强奸构成犯罪，也是充分保障妇女权益的需要。

具体到本案，情况更是特殊，沈天违背杨梅的意志，强行与她发生性关系的时间是在双方分居期间，并且是在杨梅两次起诉离婚、一审判决书已经下达的时间里。虽然一审判决书没有生效，在法律上他们还是夫妻，但是在这个特殊期间里，沈天违背杨梅的意志强行和她发生性关系，与通常的夫妻之间闹矛盾、打冷战，丈夫强行与妻子发生性关系还是有本质区别的。最后，法院经过审理，认为沈天的行为构成了强奸罪，判处他有期徒刑三年，缓刑三年。

说到这里，有人会叹息，沈天本来有着美好的人生，却为自己的愚蠢付出了沉重的代价。而回首沈天与杨梅从感情破裂到走上犯罪道路的心路历程，我们不难发现，还是沈天骨子里的大男子主义和夫权思想在作祟，从不尊重妻子的事业到不尊重妻子的人格和身体，沈天总是拿着“婚姻的大棒”处处要挟妻子无条件服从，而当一个男人企图把女人变为自身的附属，甚至不惜为此逾越法律的界限时，他的婚姻也就必将终结。

刁蛮千金闪婚记

· 关键词 ·

闪婚闪离　婚前财产协议　夫妻AA制　家庭暴力　刑事自诉　婚房分割

在2011年4月的一天中午，山东省某市的一个高级公寓楼下，只见一辆警车停在了6号楼下，从警车上下来两个警察，一前一后上了8楼。只见这802号公寓的房门大开着，门上赫然贴着一对大红的喜字，房间里挂满了彩灯，而奇怪的是一群人围着穿着雪白婚纱的新娘子坐在沙发上哭哭啼啼，而另一群人围着西装革履的新郎官坐在餐桌前唉声叹气。一见警察来，新娘子激动地站了起来，指着新郎官喊了起来："警察同志，他把我打聋了，我现在什么都听不见了，你们快把他抓走吧！"新郎官一听也吼了起来："别听她胡说，我才打了她一巴掌，怎么可能聋了呢？再说我们是两口子吵架，用不着警察管！你们回去吧！"

两个警察一听也糊涂了，看这场面是要举行婚礼，可为什么这对新人要在这大喜的日子大打出手呢？女人说自己被打得听不见了，而男人又说只打了一巴掌，到底他们之间有着怎样的纠葛呢？我们还是从头说起。

● “刁蛮千金”遭遇“傲骨海归”

这个自称被打伤的漂亮女人，叫做乔慧，时年34岁，乔家在当地可算是有头有脸，因为乔慧的父亲乔国风经营着一家非常著名的饮料厂，本来这乔国风一直担心生了个女儿，将来没人继承自己的家业，但乔慧打小就对做生意很感兴趣，18岁高中一毕业，就要求跟父亲学做生意！而且完全是凭着自身实力，从流水线上最普通的女工，一直做到了副厂长，公司业绩在她手里也是逐年攀升。可这乔慧就是个工作狂，从来不考虑个人问题，三十多岁还是孤家寡人，这可急坏了乔国风，于是乔国风抛出杀手锏：“小慧，爸决定把公司正式交给你。可爸有一个要求，一年之内，必须给我嫁出去！否则工厂你也别管了，专心找对象去！”乔慧这下没辙了，抓紧发动手里的资源，可同学、朋友、客户挑了个遍是实在没合适的，这时，乔国风又出手了：“还是老爸给你说个对象吧！”

这天晚上，老乔带着女儿请一个远道而来的老战友罗峰吃饭。乔慧一看罗叔叔身边还坐着个和自己差不多大的小伙子，说是罗峰的儿子罗瑞。这罗瑞戴着眼镜显得特斯文，不爱说话，也不喝酒，乔慧听说他是从国外留学回来的，就倒了杯红酒说：“海归啊！我敬你！”罗瑞礼貌地说：“抱歉，我从来不沾酒，还是让我以茶代酒先敬乔小姐吧。”乔慧一皱眉头：“你个大男人，就是不会喝，也得给我姑娘家一个面子吧。”谁知罗瑞就是不喝，气得乔慧下不来台，当场拉下脸说：“爸，罗叔叔，厂里还有事，我先走了！”说完就摔门而去。老乔和老罗愣了，罗瑞不慌不忙地站起来说：“乔伯伯，我去送送她！”就追了出去。

眼看这一幕，乔国风心里有底了，女儿乔慧性格泼辣，容易冲动，而罗瑞却温和稳重，坚持原则，这女儿要是火，罗瑞就是水，两人性格正好互补。果然，夜里乔慧十分高兴地回来了，一进门说：“罗瑞请我喝咖啡去了，他不喝酒，我就逼着他喝了十几杯咖啡，他还真听话！”如此一来，两个性格完全不同的人一方面是出于自身的相互吸引，另一方面有双方家长的大力撮合，很快就陷入了热恋，三个月后决定结婚。可眼看婚期将至，两人之间却接二连三地发生了矛盾。

这天，乔慧出差回来，一脸的不高兴：“真倒霉，托运行李的时候没把电脑放好，现在磕坏了。我又要赶回公司开会，晚上还得出差，这还等着电脑用呢！”罗瑞心说这下就得我表现了，赶紧说：“那我替你拿去修，修不好我就立刻给你买一个送过来，别耽误事。”乔慧想了想，就从包里拿出两万块钱：“那你下午四点前一定把电脑送来。”罗瑞想都没想就把钱接下来了，但他没想到，这两万块钱竟然是乔慧对他的考验！

下午，罗瑞送了一台崭新的笔记本电脑过来：“你那台修不好了，这台是最新款的！看看喜欢吗？”乔慧一看这型号，知道价钱大概一万二三，就问了：“那剩下的钱呢？”罗瑞一愣，当时脸就红了：“我正好也要换电脑，去了就一起买回来了。我那个是六千，当时身上没带那么多钱，先用你的垫上了，等你出差回来我再还给你！”罗瑞说着就把剩下的两千块钱拿了出来。谁知乔慧接过钱冷冷地说了句：“我要不问，你还就不打算还我钱了是吧？！”罗瑞被问得有点尴尬，但想想可能因为乔慧从小做生意，对钱的事比较敏感，也就笑了笑，没往心里去。可一周以后，乔慧从外地回来，竟然给他来了这么一招。

乔慧先是亲热地问："罗瑞，你爱我吗？"罗瑞眼睛都不眨："当然爱了，不爱你能娶你吗？"乔慧来精神了，迅速拿出一份文件："如果你真爱我，就把这个签了吧！"

乔慧一份婚前财产协议，上面写着，乔慧和罗瑞自愿达成以下协议：一、双方婚前财产各自归各自所有；二、双方结婚之后所得收入各自归各自所有，个人开销各自支付，共同开销共同支付。

》法点链接：婚前财产协议

婚前财产协议，现在相当流行，一般来说是指男女双方对各自婚前所有财产作出的财产归属的相关约定，可以在婚前办理也可以在婚后办理。有些情况下，男女双方会在作婚前财产协议时就婚后取得财产归属也作出相关约定。

其实，随着社会经济生活的不断发展，越来越多的人接受这种"把丑话说在前头"的做法，他们认为爱就是爱、钱就是钱，分开了反而使爱情更纯粹、婚姻更稳定；但也有许多人抱着一种反感、排斥的心态，觉得这是对爱情的亵渎。罗瑞就是典型的后者，一看未婚妻摆出这种架势，觉得挨了当头一棒："你什么意思？难道我跟你结婚是冲着钱来的吗？"乔慧却理直气壮："现在都流行签这个，你既然说不在乎我的钱，就痛快地签了吧！"罗瑞气得脸通红："你这样做是侮辱我！"说完摔门而出，他心里想：我一个大男人可没想过要分你婚前的财产，结了婚就是一家人，真要分得那么清楚，也没意思。而乔慧却想：原来他真是看上了我的钱，要不怎么死也不签呢，幸亏我这一试试出来了。两个人是谁也不理谁，就这么僵着。

● 千金难娶，夫家60万元保尊严

这乔国风看在眼里着急啊，亲自找到罗瑞，说："小罗啊，你不知道，小慧这孩子是被那个男人给吓怕了！"

原来，早在五年前，乔慧有过一个疯狂的追求者，每天都给乔慧写情诗，半夜打电话弹吉他唱情歌，极尽浪漫之能事，让乔慧爱得如痴如醉。两人已经谈婚论嫁，于是去买房子，这个浪漫男友要求乔慧只写他一个人的名字，乔慧不同意，男友就扔下一句"如果从你身上挣不到钱，结婚还有什么意义"就取消了婚礼，从此失了踪。从那以后，乔慧对于钱的问题格外敏感，总担心追求她的男人居心不良。听到心上人的这一段失败恋情，罗瑞瞬间明白了乔慧的感受，他想了想说："乔伯伯，我是真心爱乔慧的人，为了让她安心，我愿意签字！"当下就去找乔慧签字，乔国风一高兴，当场就拿出一张银行卡说："这里有60万元，你们去看房吧。"两人和好如初，趁着这热乎劲儿，第二天就到民政局办理了结婚登记手续，当天下午就开始四处看房。

两人经过反复比较，最终选定了一套总价120万元的公寓，在样板间里两人还讨论着以后怎么布置，可没想到签合同的时候，又爆发了激烈的冲突。

原来，售楼小姐问了一句："这合同签谁的名字？"乔慧本来接过笔来正要签名，突然又问了一句："亲爱的，你说这个名到底签谁的呢？"罗瑞脱口说："咱俩都结婚了，写谁不都一样吗？"罗瑞是实话实说，可乔慧听着又不是滋味了："这怎么一样啊？写两人的名那叫夫妻共同财产，可买房子是拿我爸给的60万元，你又没出钱，到时候离婚这房子算谁的呀？"罗瑞一听，怎么刚结婚就想到离婚了呢，特别生气地说：“我都签了婚前财产协议了，你还想怎么样？对，我没出钱，这是你的房子，就写你的名吧！”乔慧也嚷起来：“哎！没钱你还有理啦？结婚本来就应该是男人买房子，现在我们家买房子给你白住，你还威风了是吧！”罗瑞面子上哪挂得住，“腾”地一下站起来：“那你大小姐慢慢看慢慢签，我就不奉陪了！”说完甩手走了。

这下，乔慧愣住了，心说罗瑞你走，这房子不买了，婚礼也不办了，你不来找我赔礼道歉，我就跟你离婚去，然而一连几天，罗瑞也没找来认错。乔慧有点着急，到罗瑞公司去找他，同事说他有事请假回老家了。这是怎么了，难道罗瑞来真的，要跟自己分手？正愁不知道怎么办呢，第八天，罗瑞回来了，一见面就递给乔慧一张银行卡，说：“这是60万元，走吧，我们现在就去交钱，我可不想欠你的！”

乔慧很惊讶，罗瑞刚从国外回来，为了跟自己谈恋爱，他从老家来当地工作还没几个月，连买个电脑都倒不出现钱，哪儿来的60万元呢？原来，罗瑞跟乔慧大吵一架后，心情难以平静，左思右想后，请假回到老家，把情况跟父亲罗峰一说，罗峰就说：“我不能让乔慧看扁你，也不能让乔国风看扁我！这房子我们出钱！”第二天，罗峰就拿了张60万元的银行卡给儿子。其实罗家条件一般，罗瑞知道这钱一定是父母的养老钱，心里很不好受，但为了维护自己在婚姻中的尊严，也只好拿着钱回来了。乔慧挺高兴，觉得罗瑞这样做说明爱她，就说：“这样吧，这房子总价120万元，一家各出60万元吧，房产证上写两人的名字！”这么着，两个人各自拿着一张父母给的银行卡来到售楼中心，当场签了合同、刷了卡。

● 婚礼反目，新郎怒掴新娘

这房产大事解决后，两家人又紧锣密鼓地张罗着婚礼。婚礼的当天，热闹极了，不光是亲朋好友，当地一些有头有脸的人物都来捧场。这接亲的车队浩浩荡荡开到了乔家，一大帮人簇拥着罗瑞冲到了乔慧的闺房门口，齐声喊起来："新娘子，出来！新娘子，出来！"这时候伴娘出来了，得意洋洋地说："新娘子说了，只要新郎官把一万块婚宴定金拿出来，就跟他走！"罗瑞身边的人纳闷了："什么定金啊？"可罗瑞一听，立马从脸一直红到脖子，也不知道哪儿来的火气，扯着嗓门就喊了一句："乔慧！你不要欺人太甚，这婚你不结就算了！"说着转身就要走。这是怎么回事呢？

原来，婚礼之前，两人去预订酒席需要交两万元定金。乔慧立马就从包里拿出了一万元说："跟房子一样，一人掏一半！"罗瑞当时兜里只揣了两千多，就把乔慧拉到旁边："我没带那么多，你先垫上吧。"乔慧却大声说："怎么了？外面不是有取款机吗，你上次能拿出 60 万元，这次连一万元都没有了？"当时，罗瑞就觉得下不来台，说："行，我去！"但他直接出了酒店，闷头走回了住处。那边乔慧被撂在酒店里了，左等右等不见人，打电话竟然也不接，只好自己交了钱，回家跟父亲乔国风一顿抱怨，说是要找罗瑞还钱，乔国风硬是把女儿给拦住了。但乔慧心里还憋着气呢，所以接亲的时候一帮闺蜜提出来想刁难新郎官，她就主动把婚宴定金的事儿给搬出来了。可没想到再一次惹恼了罗瑞。

在这种场合新郎官转身就走，这是什么性质？像乔慧这种急脾气的新娘子岂能容忍，一下子冲了出来，手指直接戳到了罗瑞的鼻子上："我说不结了吗？是你自己不想结吧？你还是个男人吗？为了赖掉这一万块钱，就把我一个人丢在酒店，现在让你还钱怎么不对了？我们可是签过婚前财产协议的，看来我爸真是看走眼了，你还是冲我的钱来的！”听到这话，罗瑞是忍无可忍，他看着乔慧的嘴一开一合，长久以来积压在胸中的闷气、憋气、怒气一下子涌了上来，只想让这个一再侮辱自己的女人闭嘴，于是他抬起手给了乔慧一个耳光，乔慧被打得当场坐在了地上，“哇”一声痛哭了起来。周围人都吓坏了，有的把罗瑞拉到一边，有的把乔慧扶起来安慰。乔慧哭了一阵，突然站了起来，说：“姓罗的，你把我打伤了，我要报警。”尽管大家极力阻止，乔慧还是打了110。于是接下来就是我们开头说到的一幕。

派出所来了之后，把情况一听，乔慧坚持说自己听不见了，民警同志也不敢怠慢，就带着乔慧去验伤，结果还真是耳膜穿孔，属于轻伤，已经达到了“故意伤害罪”的刑事自诉的立案标准，就是说乔慧可以到人民法院提起刑事自诉，要求追究罗瑞的刑事责任。这可把大家给吓坏了，罗瑞的父亲罗峰赶紧找到乔国风求情，乔国风认为女儿自己也有过错，是好说歹说不让乔慧去起诉，两家老人一个劲地劝和，希望小两口和好如初。谁知罗瑞这边却说：“我要离婚！”他觉得经过反复折腾，自己和乔慧实在不合适，至于这套房子，当时是双方父母各掏了60万元买的，登记在两人名下，属于双方的夫妻共同财产，现在他愿意放弃房子的产权，只求把自己父母的养老钱还给他们，他以为乔慧一定会同意，可没想到乔慧非常气愤：“罗瑞，我没嫌弃你，你倒要甩掉我了，要离婚可以，你必须净身出户！”罗瑞没办法只好到法院起诉离婚。

法庭上，这对冤家为了房子争得很激烈，罗瑞说：“法官，既然我提了这么低的底线她都不接受，那就按法律办，房子给她，她给我60万折价款！”乔慧却说：“法官，我也同意就按法律办，但是应该是我只要给他30万元就行了！因为我父母那60万元是在婚前出的，是我一个人的，他父母那60万元是在婚后出的，是我们两个人的，一人一半就是30万元！”罗瑞一听就晕了：“怎么回事？你父母出了60万元，我父母也出了60万元，怎么就不一样了呢？这跟婚前出还是婚后出有什么关系呢？”

法点链接：父母为子女购房出资的，子女离婚时如何分割？

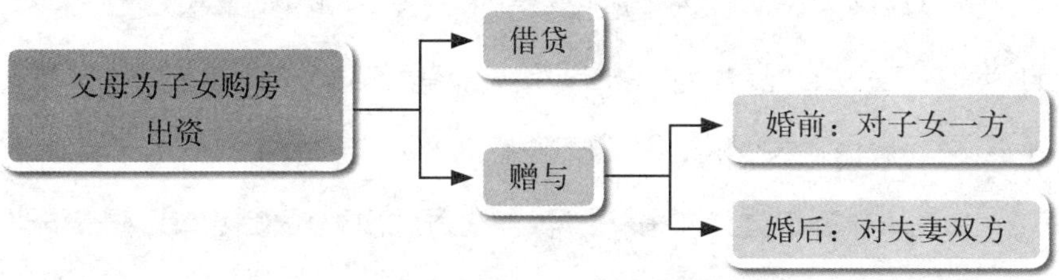

父母为子女结婚购房提供出资，是目前普遍存在的现象。一旦离婚对于这些出资的性质如何确定？不外乎两种情况：一是借款，二是赠与。如果当时子女向父母出具了借条，那就是借款；如果子女在当时没有出具借条一般就视为父母对子女的赠与。问题是，这种赠与究竟是对自己子女的个人赠与还是对夫妻双方的赠与？《最高人民法院关于适用〈中华人民共和国婚姻法〉若干问题的解释(二)》第二十二条规定：“当事人结婚前，父母为双方购置房屋出资的，该出资应当认定为对自己子女的个人赠与，但父母明确表示赠与双方的除外。当事人结婚后，父母为双方购置房屋出资的，该出资应当认定为对夫妻双方的赠与，但父母明确表示赠与一方的除外。”

在本案中，有意思的是婚前婚后两种情况同时存在：乔慧的父亲是在他们结婚登记前出资60万元，出资时没有表明给小两口还是只给女儿一人；而罗瑞的父母同样出资60万元，同样未明确送给罗瑞一人还是送给小两口。如果按照《最高人民法院关于适用〈中华人民共和国婚姻法〉若干问题的解释（二）》的上述规定，乔慧父亲的出资因发生在领取结婚证之前，视为是对乔慧一人的赠与，在离婚时不予分割；而罗瑞父母的出资因发生在领取结婚证之后，则应该视为是对夫妻二人的赠与，在离婚时理应分割。这就是为什么乔慧只肯补偿罗瑞30万的原因。

但需要提醒大家特别注意的是，根据2011年8月13日最新发布实施的《最高人民法院关于适用〈中华人民共和国婚姻法〉若干问题的解释（三）》的规定，本案的结果就会有所不同。该司法解释第七条规定："……由双方父母出资购买的不动产，产权登记在一方子女名下的，该不动产可认定为双方按照各自父母的出资份额按份共有，但当事人另有约定的除外。"也就是说，本案中当房屋由乔慧和罗瑞双方父母共同出资购买时，即便只登记在他们任何一方的名下，不论该出资发生在婚前还是婚后，该房屋都可认定为双方按照各自父母的出资份额来共同享有，而本案中房屋是登记在双方名下，参照该条规定，更应该判定双方按照各自父母出资份额来共同享有。

最后，法院经过审理，认为讼争房产系双方父母共同出资，且出资金额相等，故依据《最高人民法院关于适用〈中华人民共和国婚姻法〉若干问题的解释（三）》的相关规定，判决准予罗瑞与乔慧离婚，房产归乔慧所有，由乔慧补偿罗瑞其父母出资的60万元。

案子结束后，乔国风亲自来到罗家送还了60万元，但这对磕磕绊绊的欢喜冤家还是分道扬镳了。也许有人会感慨，身为富姐的乔慧离婚速度之快令人咂舌，也许有人在评论，平民出身的罗瑞差点白白损失了30万元父母的养老钱。但笔者想得更多的是，这场炫目的闪婚和闪离背后，是否存在着过多的经济判断。无论是乔慧强烈的优越感，还是罗瑞过度的自尊心，他们从一开始就站在了不同的高度，他们始终忘记了这样一句话：爱情面前人人平等。

伤“情”动骨

·关键词·

暧昧恋　球迷　争风吃醋　自甘风险原则　受益人补偿制度

2010年11月的一天，河南省某市的碧海蓝天小区物业办公室门口，来了一位不速之客，这是一位拄着拐杖的小伙子，一进门就大声地嚷嚷：“叫你们经理出来。”工作人员一看来者不善，就拦住这位小伙子说：“先生，您来有什么事啊？今天经理不在。”这小伙子一听，什么？不在？就开始扯着嗓子喊起来：“胆小鬼，懦夫，我知道你在里面，你敢抢走我的女朋友，你倒是有种承认啊！”跟着又冲身边看热闹的人说：“这当经理的带头不学好，竟然跟小区业主抢女朋友，这样的人你们应该赶出去。”周围的人一听，新鲜了，物业经理跟业主抢女朋友？有爱管闲事的人问：“你说给我们听听，怎么回事？我们给你评评理！”“好啊！”小伙子滔滔不绝地说开了，然而就在这个时候来了一个时髦漂亮的年轻女人，进门就怒气冲冲地打断了小伙子："你怎么这样无理取闹，亏你还是个研究生呢，真没素质。"说完，这个女人拂袖而去，而这个拄着拐杖的小伙子也一瘸一拐跟出去了。

那么这是怎么回事呢？这小伙子和年轻女人是什么关系？这个躲起来不见人的物业经理又究竟做了什么惹恼了小伙子，而小伙子腿上的伤又是从何而来呢？

● **爱情难求，心上人若即若离**

拄着拐杖的小伙子叫王文涛，时年28岁，毕业于北京一所名牌大学，后回到家乡河南，并在当地一家响当当的国有企业工作。王文涛找女朋友要求很高，一般的女孩子都入不了他的眼。可就在一年前，公司里来了一位漂亮的女大学生叫张倩，这王文涛就找不着自己的魂儿了。张倩的脸蛋长得特别娇俏可爱，而且为人处事也特别有灵气，公司上上下下都喜欢她，可以说打她一进公司，就被公司里面所有单身汉给盯上了。王文涛非常自信，觉得自己是公司里最有实力的黄金级别的单身汉啊，还占据了一个得天独厚的地形条件，什么呢？张倩正好与他分在了一个办公室，不但一个办公室，还是邻桌啊，都说"近水楼台先得月"，这简直就是老天安排的一场良缘啊。所以他就整天和张倩套近乎，要请她吃饭，又时不时地逗张倩开心。可是让王文涛苦恼的是，半年下来，跟张倩处得也挺不错，可是关系就是没有什么实质性的进展。张倩对他的态度让王文涛感觉是雾里看花。平时张倩看到王文涛总是非常开心，一起吃饭也是有说有笑，王文涛送给她的小礼物呢她也从不拒绝，经常跟王文涛是打情骂俏。可是一旦王文涛邀请她看电影呀、过情人节呀之类的一些有象征意义的约会，张倩总是推托。张倩这是什么意思呢？

王文涛也没谈过恋爱，就把这个事和自己的一个恋爱经验丰富的好哥们说了，这朋友就帮他分析：“看来这个女孩对你肯定不反感，甚至颇有好感。但是恐怕她不光是对你有好感，对别人感觉也不错，说白了就是小子你肯定有情敌啊。好好把握吧。”王文涛一琢磨，噢，是这么回事啊，看来自己不能掉以轻心，这场仗要好好打。但都说打仗要知己知彼，才能百战百胜，现在根本不知道自己的对手是谁，这仗怎么打？所以当务之急，是摸清敌情！

于是他就尽量套张倩的说法，从她的话中寻找蛛丝马迹，还真有发现，似乎张倩经常提起一个叫刘威的男人。刘威是张倩所在的碧海蓝天小区的物业公司经理。张倩总说刘威为人多么热情，多么喜欢助人为乐，总是抢着帮自己拎东西、修马桶，等等。王文涛听了嘴上应和着，心里想：原来情敌就是这个叫刘威的物业公司经理啊。这一下王文涛倒犯难了，要是说和自己公司的男同事相比，自己那是近水楼台先得月，可人家刘威与张倩住在一个小区呀，更近啊，这月不是被他先得了嘛。不行不行，得加快攻势。

● 球场过招，伤心又伤身

就在王文涛计划加快对张倩的进攻的时候，一个绝好的机会来了。原来，张倩是个音乐迷，还是个追星族。这一天，张倩最喜欢的著名歌星来他们城市开演唱会。王文涛便托人买了两张票，跟张倩说：“明天是你的偶像开演唱会哦，我可是挤破脑袋才买到这两张票，你可别再推托了。”没想到张倩还真推托了：“哎呀，太遗憾了，我真想跟你去看这场演唱会，可是我还有一个更重要的活动。”王文涛惊讶极了：“还有什么活动比看你的偶像演出更重要啊？”张倩说：“我们小区要举行足球赛，我早答应要给他们当啦啦队，不能言而无信嘛！”这么一听王文涛就起疑心了，张倩是个大姑娘怎么会喜欢踢足球呢？再一问明白了，原来这个足球赛的两个队伍很特殊，一队是物业公司的员工组成的叫做物业队，另外一队是由碧海蓝天的业主组成的叫做业主队。王文涛明白了，肯定是那个刘威也要参加，非得叫上张倩。这可不行，一定要去看看，何况他早想会会这个刘威了，于是就说："我从小就喜欢踢足球，我明天不去看演唱会了，跟你去看足球吧。"张倩也不好意思拒绝，第二天就把王文涛带到了赛场上。

王文涛的注意力根本就没在足球上，而是睁大眼睛使劲打量物业队的 11 个队员，这到底哪个是自己的情敌刘威呢？这时物业队的 5 号前锋进了一球，全场欢呼起来，旁边的张倩显得非常激动，站起来大声喊："刘威，加油！"这时候王文涛看明白了，原来这个 5 号就是刘威，再细看，不得了，刘威看上去三十来岁的样子，1.8 米的个子，长得非常帅气，接着又一马当先进了一球，简直出尽了风头，再看看身边的张倩，嗓子都快喊哑了。这时王文涛心里那个酸溜溜啊，就甭提了。他心里燃起了一把嫉妒的火，恨不得刘威摔倒在场上才好呢，他甚至想冲上场去给刘威一个难堪。

别说，一个让王文涛表现的机会来了。业主队这边的守门员受伤了，被抬了下去，没人替补，这足球比赛没有守门员怎么打啊？业主队的队长开始在业主观众当中发动："哪个兄弟有两下子，赶紧上场，先顶住啊。"王文涛赶紧站了起来："我行，大学我是校队的，守门是我强项。"业主队队长看了一眼，这小伙子挺精神，可眼生啊，问了："你也是业主？"王文涛说："我是你们业主张倩的朋友。"队长问张倩："你的朋友上场，行么？"张倩一听王文涛要上场还挺来劲："嗨，文涛，没想到你还会踢足球，那你上去可要好好表现，替我们业主争口气啊！”就这么一来，王文涛冲了上去，站在守门员的位置上，他心里特别兴奋，他觉得自己可以和刘威来一个正面的交锋。刘威不是前锋嘛，只要自己能把刘威的球都给挡住，那可就让张倩刮目相看了。张倩呢，兴致高涨，不喊“刘威加油”了，改喊“文涛加油”了。王文涛听到美人为自己助威的声音更是浑身都是劲、浑身都是胆。上半场他果然挡住了刘威踢的两个球，他高兴坏了，中场休息的时候他和张倩一边欢呼一边拥抱在了一起，王文涛得意地扫了一眼站在远处的刘威，他似乎看到了刘威眼神里的醋意，更开心了，心想：等着吧，小子，我很快就能把张倩从你那抢回来了。

可没想到，下半场形势突变，一开场刘威就长驱直入带球来到了禁区前。王文涛心都提到了嗓子眼，赶紧冲出去，准备在刘威起脚之前把球给扑住。可是说时迟那时快，刘威的脚已经踢出去了，这一脚是狠狠地踢在了王文涛的大腿上，使得王文涛失去了重心。大家就看见王文涛几乎像皮球一样缩成了一团被刘威踢回了球门这边，左腿狠狠地撞到了门柱上，他是一声惨叫倒在了地上。裁判吹响了哨音，所有人都奔向了王文涛，一看王文涛的左腿不能动了，大家把他抬到了一边然后送到了医院。最后很不幸的，王文涛的左腿大腿骨骨折了，动了手术，打了钢钉。

- 情场难料，先喜后悲

王文涛没想到和情敌过招的结果是自己躺进了医院，原本以为很丢面子，谁知恰恰相反，自从住院后，张倩对他是无微不至地照料，又是煲汤，又是按摩他的腿，甚至整夜守在他的病床前。于是乎，王文涛虽然腿骨折了，可是他心里面特别甜，心想自己受这个伤，获得了张倩的芳心，值啊。

所以出院这天，他特意没通知张倩，而是订了 99 朵玫瑰，亲自捧着花一瘸一拐地来到公司，想给心上人一个惊喜。然而，意外再次出现了。映入王文涛眼帘的是张倩桌子上的一大捧玫瑰花，这个数量，王文涛一看和自己手里的几乎一样，也是 99 朵，他眼睛都瞪圆了，没看错吧，问旁边同事："这是怎么回事？这花谁送的啊？"同事说："张倩男朋友呗，还能有谁？""什么，张倩什么时候交男朋友了？"同事又说："哎哟，我忘了，你住院，当然不知道这个喜事了，我告诉你吧，张倩的男朋友长得可高可帅了，前几天请我们去唱卡拉 OK，张倩当着我们的面都承认了。"王文涛"嗡"的一下脑子里就炸了，手里的花也掉在了地上。

等张倩一来，王文涛就把她拖到走廊里问："那花真是刘威送的，你和刘威真的好了？"张倩不好意思地说："这几天见你住院我就没有告诉你。"王文涛气得浑身发抖，他颤着声音说："你既然要跟他好，为什么还来医院照顾我？你这不是脚踩两船么？"张倩委屈地说："我照顾你是因为我内疚，如果不是因为我你也不会受伤啊！我对你没有那种意思的。"王文涛的嘴都快气歪了，又找几个哥们喝酒诉苦，一个哥们说："兄弟呀，你这次是亏大了，不但没有抱得美人归，还输了一条腿。刘威那天肯定看到你和张倩很亲密，嫉妒你，故意踢到你的腿，你说有那么巧吗？"王文涛越想越觉得自己实在太窝囊了，所以他就来到物业公司找刘威。于是就发生了故事开头的一幕。

这王文涛美人没追到，还伤了一条腿，对刘威就更加痛恨了。他想，既然没谈成恋爱，那我的腿伤得让刘威赔偿吧，哑巴亏我不能白吃啊。于是，王文涛先到司法鉴定机构对自己的腿伤作了鉴定，结论是六级伤残。而后一纸诉状将刘威和他所在物业公司告上了法庭，以刘威故意踢他致残为由，要求判令两被告赔偿伤残补助金、医疗费、护理费、营养费、误工费等共计12万元。

法庭上，原被告双方展开了激烈的辩论。王文涛说："法官，被告刘威与我是情敌，所以利用踢球的机会对我下毒手，故意把我给踢残废了，他应该承担赔偿责任。"刘威很镇定地说："对原告受伤我表示歉意和同情，但原告说我故意踢伤他是很荒谬的，首先我根本不认识他，不知道他和张倩的同事关系，更不知道他在追求张倩，我没有踢伤他的动机；其次，我们是在进行足球比赛，我的行为是正常射门，踢伤他是一个意外事件，我没有任何过错，当然不应承担赔偿责任。"物业公司也说："原告根本不是业主球队的队员，他临时替补上场，说明他自己愿意承担比赛的风险，体育竞赛受伤是很正常的，刘威没有过错，我们也不应承担责任。"

原被告三方说得好像都有道理，法院会采纳哪一种意见呢？

本案的特殊性在于刘威踢伤王文涛是在一场足球比赛中发生的，众所周知，足球比赛是一种对抗性十分强烈的竞技性运动，它要求参赛者奋勇拼搏，因而参赛双方肢体接触碰撞在所难免，出现人身伤害事件属于正常现象。所以这种情况下的人身伤害要涉及我国民法理论中的一项特殊原则——自甘风险原则。

》法点链接：自甘风险原则

所谓自甘风险是指已经知道有风险，而自己自愿去冒风险，那么，当风险出现的时候，就应当自己来承担责任、承担损害的后果的原则。具体说自甘风险原则有这样几个构成条件：第一，活动带有按照一般正常智力水平可以预见的危险性，比如足球、登山、探险、攀岩、漂流等竞技性体育运动；第二，行为人不是为了履行法定义务（如消防员救火），而是为了获得某种利益而面临危险，比如为了荣誉、快乐感、身体健康等从事危险活动；第三，损害必须是本可以避免的，比如说不参加足球比赛就不会受到这样的伤害，而自己在明知的前提下还要参加。对于体育竞赛中这种自甘风险原则的认识，已经成为一种社会公共习俗、一种社会共同道德。法律应当认可体育竞赛中的这种惯例。事实上，在司法实践中这一原则也被广泛运用，各地法院都有判例认为，对于致人伤害的运动员而言，只要不存在重大的违规行为和主观的伤害恶意，即使给对方造成了伤害，其行为也不构成侵权；对于组织者来说，比赛中，球员间发生的碰撞并非其主观所能控制的，故其对球员间在比赛中的受伤不应担责。但在现行法律法规中，比如民法通则的条文中还没有自甘风险原则的明文规定，为了弥补这一立法缺陷，由中国人民大学杨立新教授担纲起草的《中华人民共和国侵权责任法司法解释草案建议稿（修改稿）》第六十条将自甘风险作为一种抗辩理由写进了草案。草案是这样设计的："受害人明知活动存在危险而自愿参加，对于损害的发生，不得请求他人承担赔偿责任。但活动的组织者有过错的，不在此限。危险的范围，以受害人先行为所可能遭受的通常危险为限。自甘风险的内容违反法律或者社会公共道德的，不得免除行为人的侵权责任。参加或者观赏具有危险性的体育活动，视为自愿承担损害后果，适用本条第一款的规定，但行为人违反体育运动或者管理规则，故意或者重大过失造成的损害除外。"如果该内容将来被最高人民法院采纳写进相关司法解释，我国将首次确立自甘风险原则。所以说，无论是民法理论，还是司法实践，都是认可自甘风险原则的。具体到本案，王文涛作为一名成年人，又是足球爱好者，对足球比赛的风险是认知的，其在没有任何人强迫的情况下自愿参加足球比赛，属于自甘风险的行为，其在比赛过程中受伤，应该适用“自甘风险”的原则。

最后，法院经过审理，认为原告王文涛没有证据证明被告刘威故意对他进行伤害，也没有证据证明被告物业公司具有过错，而足球比赛又是一项具有高度危险的竞技运动，原告自愿参加，应该自担风险。遂判决驳回了王文涛的诉讼请求。

王文涛败诉后，心里特憋气，便到律师事务所请律师写诉状，要求业主球队和业主委员会对为他们踢球造成的伤害承担赔偿责任。律师说：“业主球队是临时成立的，业主委员会没有自己独立的财产，都不具有诉讼主体资格，你还告不了。”王文涛听后大惊：“怎么，那我这个损失不就没办法得到补偿了？”律师又指点他说：“你虽然不能告业主球队和业主委员会，但可以告业主球队的队员。”于是，王文涛在律师的指点下，调整方案，以为了碧海蓝天小区业主球队利益受伤为由，将业主球队的 11 名队员告上了法庭，要求他们赔偿自己的损失。

这次的法庭辩论更加激烈。王文涛说：“我并不是小区的业主，也不是业主球队的队员，参加比赛是为了业主球队全体队员的利益，现在自己受伤致残，业主球队的队员应该承担赔偿责任。”可是，业主球队的队员则答辩：“原告帮助自己的球队比赛，是一种义务帮工，依据最高人民法院人身损害赔偿司法解释第十四条关于‘帮工人因第三人侵权遭受人身损害的，由第三人承担赔偿责任。第三人不能确定或者没有赔偿能力的，可以由被帮工人予以适当补偿’的规定，原告应该去找加害人刘威赔偿，而不应该找他们。再说了，原告口口声声说为了我们的利益，打一场球，有什么利益？”

这场官司，涉及我国民法中的受益人补偿制度。

》法点链接：受益人补偿制度

受益人补偿制度，指因受害人受损害的事件而受有利益的人，于受害人不能得到赔偿时应当分担损害或给予受害人一定补偿。《最高人民法院关于贯彻执行〈中华人民共和国民法通则〉若干问题的意见（试行）》第一百五十七条规定："当事人对造成损害均无过错，但一方是在为对方的利益或者共同的利益进行活动的过程中受到损害的，可以责令对方或者受益人给予一定的经济补偿。"

有人问，受益人补偿必须以受益为前提，王文涛替碧海蓝天业主球队守门，又有什么利益呢？这就涉及对利益的理解问题了。在现实中利益有多种，有物质利益、经济利益，还有精神利益。在通常情况下体育竞技获取的是精神利益。因为无论是职业体育竞赛还是群众性体育竞赛，都有获取荣誉之目的，获胜者可从中获得荣誉感、满足感。王文涛在为碧海蓝天业主球队担任守门员时奋勇扑球，虽然这不排除其存在在张倩面前表现自己比刘威强及满足自己个人爱好和成就感的因素，但其对外毕竟是以碧海蓝天业主球队队员身份参赛的，故其是在为实现碧海蓝天业主球队队员们所期待的荣誉而努力，其行为的受益人为碧海蓝天业主球队的全体队员。

最后，法院经过审理，认为原告是为了业主球队的胜利参加，胜利是一种荣誉，荣誉也是一种利益，作为受益人，业主球队全体队员应该对原告所受的损失给予一定的经济补偿。遂判决碧海蓝天业主球队全体队员赔偿原告王文涛经济损失3万元。

王文涛的经历，可以用"赔了夫人又折腿"来形容，其实，让他受伤的真正元凶并不是情敌刘威，也不是张倩，而是他心中过旺的妒忌之火！无论是体育比赛，还是爱情角逐，竞争总是一把“双刃剑”，既能考验人，也能伤害人；既能带来精彩，也会暗藏风险。我们要明白，“赢得众人赞”不是体育竞技的唯一目的，“争得美人归”也不是爱情的唯一答案；只有懂得争取，懂得放手，体验竞争之精彩，才是生活真正的胜者！

金屋藏"妻"

·关键词·

拜金女郎　婚外情　离婚复婚　赠送房产　善意第三人

2011年8月的一天，安徽省某市一个基层法院里，只见一前一后进来了一对男女，两人都是三十多岁，这女人眉清目秀，一边气哼哼地走在前头，一边还回头狠狠地瞪了跟在她身后的男人几眼，男人几次想去拉她的手，都被她甩开了，直到走进了第二法庭，女人径直往原告席上一坐，而男人也只好自讨没趣地走向了被告席。就在这时，又进来一个打扮得特别妖艳的女人，穿着紧身连衣裙，挎着金灿灿的小皮包，描眉画眼，踩着十几公分的高跟鞋，一步一响地走到了男人跟前，上去就搂着男人的胳膊，娇滴滴地说："亲爱的，咱俩都是被告，你怎么也不等我自己就先来了呢？"男人吓得是一边往后躲，一边转头去看原告席的女人，而这原告席上的女人反应也很激烈，站起来就说："你别这么不要脸，快放开我老公！”妖艳女人倒也不生气，还是娇滴滴地说：“你是真不知道还是假不知道啊，他呀，以前是我老公，现在不还是我老公吗？”

看到这儿可能大家都糊涂了，这三人到底是什么关系呢？为什么两个女人都说男人是自己的老公呢？他们之间又究竟发生了什么事，要闹上法庭？面对着原告席和被告席上的两个女人，男人到底是站在哪一边呢？这事咱们还得从先进来的这对男女说起。

● 百转千回，初恋重逢终成眷属

女人叫董倩，是当地一家私立小学的英语老师，而这个看上去挺委屈的男人，不是别人，就是她的丈夫，叫做陆峰。别看法庭上似乎是陆峰讨好地追着董倩，但在当年这陆峰可一直是董倩心中的偶像啊，说起两人的爱情故事真是九曲回肠，波澜起伏。

事情发生在董倩读高一那年，作为“三好学生”，她被选去参加一个全国性的夏令营。在这来自五湖四海的优秀学生当中，海南的陆峰是最引人注目的，当时他高三，已经保送名牌大学，不但高大帅气、开朗幽默，还会好几种乐器，尤其是在一次联会上用萨克斯演奏了一曲《回家》，把董倩听得是如痴如醉。从那天起，董倩少女的心中就种下了爱情的种子，而陆峰也对这个文静的女孩欣赏有加，夏令营结束后，两人一直保持书信往来，分享各自的喜怒哀乐，整整五年，董倩好几次想向陆峰表白，但总鼓不起勇气，直到有一天，这个白马王子终于成了别人的新郎。

就在陆峰大学毕业那年，他给董倩寄去了一张合影，照片上紧紧依偎他的女孩叫做汪小婷，身材高挑，披肩长发，皮肤又白又细，看上去就像个明星，更让董倩伤心的是，陆峰在信中说很快将和汪小婷结婚。那天晚上董倩哭了又哭，决定忘记这段青涩的初恋，从那以后，她再也没跟陆峰联系过。毕业后她进入一所私立小学教英语，把所有心思都放在了工作上，有人追求也不理不睬，然而董倩想不到，命运竟再次将陆峰带到她的面前。

在一次朋友的婚礼上，董倩进门就看见了一个个子很高的男人，尽管多年未见，她还是一眼就认出来这就是曾经让自己朝思暮想的陆峰，原来陆峰竟是新郎的大学同学。陆峰见到董倩很高兴，吃饭时坐在边上还开玩笑："当年你怎么突然就不回信了啊？是不是交了男朋友就重色轻友啊？"董倩的回答酸酸的："是你娶了那么漂亮的老婆，哪还有空给我写信啊？"没想到这话一出，陆峰脸色就变了，开始闷头喝酒，在董倩的一再询问下，他才说："我早就离婚了。"接下来，陆峰也不拿董倩当外人，把自己的遭遇一五一十地说了。

原来，汪小婷是个把钱财看得很重的女人，和陆峰结婚一方面是折服于陆峰本人的魅力，另一方面更是看中了陆峰的家庭背景。陆峰的父亲在海南当地是个资产千万的富商，但他不希望儿子成为"富二代"坐享其成，所以他拿出100万元，说："这钱是借给你们创业的，闯不闯得出来就看你们的本事了！"汪小婷很不高兴，坚持要用这笔钱买房，可陆峰却拿去开了一家公司，结果两年不到就赔光了，汪小婷觉得这桩婚姻无利可图，提出了离婚："我可不想嫁什么潜力股，凭我的条件，要嫁就嫁个现成的财神爷。"陆峰没有办法，只好忍痛离婚，而一个月后汪小婷就跟当地的一个富商同居了，陆峰这才离开海南，来到安徽谋求发展，他开办了一家生物科技公司，事业刚刚有些起色。

听说汪小婷为了钱抛弃了陆峰这么优秀的男人，董倩是既为自己的心上人遭受伤害而难过，又为命运让他们重逢而喜悦。从这天起，她又把陆峰当做了生活重心，不管是陆峰生活上需要帮手还是生意上需要支持，她都毫不犹豫地伸出援手。有一次，陆峰打来电话："我要跟外商谈合作，你过来给我当个翻译吧！"董倩赶紧调休，一连几天跟着陆峰没日没夜地准备材料、反复谈判，终于谈成了一个大项目，陆峰高兴极了，拉着董倩请她吃饭，酒过三巡说："小倩，你要是不嫌弃我是个离了婚的男人，就嫁给我吧！"董倩听了这话酒都醒了，嫁给陆峰不一直是自己的梦想吗！她流着眼泪点了点头，就这样，两人正式交往，一年后就步入了婚姻殿堂！

为了支持丈夫的事业，董倩毅然辞掉了工作，到公司帮忙，后来生下孩子，她才退出公司，专心相夫教子。有了这个贤内助，陆峰的生意越做越红火，他还回到家乡海南开设了一家分公司，他告诉董倩："这家分公司，我可得用心，因为当年我创业失败才离开家乡，现在我得让我父亲看看，他的儿子不是没有本事！"所以陆峰几乎把精力都转向了这家分公司，忙得一两个月才回家一次。开始董倩毫无怨言，可日子长了，也觉得会影响夫妻感情，于是在儿子上幼儿园之后，就提出来："你不如在那边请个人，把工作重心挪回来吧，我也要出去找份工作，咱们一家该好好在一起享受生活了！"陆峰没有反对，董倩非常欣慰，可她怎么也没有想到，她很快就发现了一个被这个完美丈夫隐藏了两年多的秘密。

● 暗设"金屋"，双妻争宠又争房

这天董倩打算去参加面试，就到小区附近的一家打字社去打印简历，店里一个二十出头的女孩跟董倩很熟，就随口问了一句："董姐，你怎么还找起工作来了？在家做全职太太多好，我看光是大哥在海南投资的房子，就足够你们吃好几年了！"董倩一听愣了："什

么海南的房子啊？他又不是做房地产的！”小姑娘又说：“董姐你还防着我呀。上次大哥来这复印房产证，还有张印坏了搁这儿了，我能瞎说不成？”董倩赶紧哄着小姑娘找出了那张印坏的房产证复印件，一看了吓了一跳：上面赫然写着所有权人：陆峰！而地址正是陆峰的家乡海南某市。

这下子，董倩觉得不对劲了，丈夫明明告诉过自己海南分公司的办公室和住的公寓都是租的啊，这怎么会突然跑出来一套房子呢？买了房子为什么要瞒着自己呢？董倩是个很聪明也很冷静的女人，她知道如果去问陆峰，一定会有个天衣无缝的解释，不如自己先去一探究竟。于是她借口回老家绕道跑去了海南，按着房产证上的地址，她找到了一间豪华公寓，当她敲开门时，差点没有晕倒：因为站在她面前的是一个皮肤白皙、浓妆艳抹的女人，她不就是陆峰的前妻汪小婷吗！她怎么会在陆峰名下的房子里呢？难道两人藕断丝连？一时之间她脑子里涌出了无数个问号。

看到这汪小婷似乎不认识自己，董倩还是强作镇定：“你是汪小婷吧，我是陆峰的爱人董倩，陆峰在不在？”汪小婷先是一愣，继而笑了：“哎呀呀，我看你是误会了吧。我和陆峰可没什么关系啊！这个房子嘛，是因为当年他父亲硬生生拆散我们，他觉得对不起我，答应要给我买房子，现在他有钱了，就兑现了他的承诺，就这么简单！”汪小婷这么一解释，董倩松了一口气，说实话，她最怕的就是丈夫不忠，至于丈夫给前妻买房，她心里当然也很不舒服，但是当着汪小婷的面她什么也没说，回到安徽以后，她就质问丈夫：“你们分手明明是因为你父亲，为什么骗我说是她抛弃了你呢？还有就算要给她买房子做补偿，你也要跟我商量啊，这些钱可有我的一半啊！”

陆峰赶紧解释："那女人满口胡言，你怎么能相信她？这房子是我去年买的，忘了告诉你是我不对，可我没有送给她，她没地方住来求我，我看她可怜才借她暂住的，她这么说八成是想赖着房子不还吧！"听到丈夫和汪小婷的说法完全是两个截然不同的版本，董倩彻底糊涂了，丈夫瞒着自己买了房子，里面竟然还藏着他的前妻，到底是怎么一回事呢？董倩越想越生气，给陆峰下了最后通牒："你可真能掰，说什么可怜她。我看你是对她余情未了吧，行，不是送给她的，你就证明给我看，一个月以内，你必须让她搬走，否则就离婚！"

接下来，董倩就一心等着丈夫给自己一个交代，可没想到这天陆峰来电话了："老婆，我在律师事务所，你赶紧过来，我有很重要的事要跟你谈！"董倩心里一惊，丈夫怎么会在律所？还说有很重要的事要谈，该不会是他真的变心，要和自己离婚吧。

当董倩心里七上八下地赶到律所，就看见丈夫低着头坐那儿不说话，旁边一个四十多岁的女律师站了起来："我是刘律师，您丈夫委托我跟你谈谈，这是为了你们的家庭利益，希望您能够冷静地听我说完。"刘律师说着就递过来一份协议，标题是《离婚补充协议》："一、陆峰同意尽快和董倩离婚，与汪小婷复婚；二、陆峰如不能与董倩离婚，陆峰购买的现在由汪小婷居住的房子将归汪小婷所有。"董倩看了两眼一黑差点昏倒，陆峰赶紧上前把她扶住，这才一五一十交代了来龙去脉。

原来，陆峰回海南开分公司，不光为了向父亲证明自己，更重要的，是想让当年那个抛弃他、伤害他的女人汪小婷后悔，他觉得只有在这个失败的地方爬起来，才能证明自己的强大。而事情正如陆峰所料，汪小婷傍过好几个富商，还是没有嫁出去，当看到昔日爱人衣锦还乡，她就又主动示好，抵挡不住诱惑的陆峰于是瞒着妻子买下房子，过起了“金屋藏前妻”的生活。然而很快汪小婷就本性毕露，今天要三万、明天要两万，还在陆峰心情好的时候要求他写下了这样一纸《离婚补充协议》，要求他和董倩离婚，否则就把房子过户到自己名下，陆峰渐渐清醒过来，自己根本就不爱这个拜金的女人，所以当董倩提出让他把工作重心转回安徽省时，他就打算慢慢和汪小婷断绝关系。没想到这时竟被董倩发现了房子的事情，幸好汪小婷一时没有把两人的关系道破，于是在董倩下了最后通牒之后，他立即飞往海南和汪小婷分手，可想不到汪小婷竟然拿出这纸协议要求他过户房产，否则就向法院起诉。

董倩听了犹如五雷轰顶，她没有想到，自己最害怕的事情还是发生了，当场气得一边发抖一边痛哭。刘律师就从中劝解：“既然陆峰把事情向你坦白，说明他爱的还是你啊！现在你们要一致对外，捍卫你们的家庭财产。”董倩问：“协议白纸黑字地写着，还有什么办法吗？”刘律师说：“办法当然有，但得你全力配合，而且你要唱主角。你可以起诉陆峰和汪小婷两人，要求确认他们签的这份协议无效，房产当然就不用过户了！”

这样，董倩便委托刘律师将两人告上了法庭，要求确认协议无效。开庭这天，三个人在法庭上狭路相逢，汪小婷不但故意对陆峰表示亲昵，还厚颜无耻地说出了“他以前是我老公，现在还是我老公”这样的话，这就是开头的一幕。

董倩看到汪小婷如此嚣张，气得上去就要打人，幸好刘律师及时赶到，阻止了她。接下来法官、书记员一一到场，董倩就开始愤愤不平地控诉：“法官，他们早在八年前就离了婚，已经没有夫妻关系，却在两年前同居，完全不顾社会道德，竟然还背着我签下这样的协议，这分明是转移夫妻共同财产，我请求法院判决协议无效。”董倩的代理人刘律师也说：“这份协议本质上是一份赠与协议，而赠与的标的是董倩和陆峰的夫妻共同财产，陆峰未经妻子同意，擅自赠与他人违反了婚姻法的相关规定，其行为是无效的。”

陆峰也跟着表态了：“其实买房子的钱都是我和董倩结婚以后挣的，我是一时糊涂才会签了这样的协议，我现在不同意赠与房产！”

汪小婷看到前夫完全倒向了董倩，也很气愤：“这不是什么赠与协议，你没看见上面的标题么？这是《离婚补充协议》，陆峰跟我离婚时答应了要给我一套房子，那时没能力给，现在签订协议把房子给我怎么就不行呢？而且白纸黑字的，你陆峰说反悔就反悔吗？再说，这是我跟陆峰之间的事，跟你董倩有什么关系啊？这房子在陆峰名下，上面又没有你的名字，你凭什么来告我啊！”

一方说这是赠与协议，未经配偶同意无效；另一方却说是离婚补充协议，无需征得现任妻子的同意。那么到底哪方的观点站得住脚？我们来分析一下：

首先要解决的问题是，这份协议的性质究竟是什么？看一份协议或者合同的性质，不是仅仅从名称上来判断的，而是要从协议的内容上来进行鉴别。陆峰与汪小婷签订的这份协议，虽然名称是《离婚补充协议》，但内容约定处分的却并不是陆峰与汪小婷婚姻关系存续期间的财产，而是陆峰与董倩婚姻关系存续期间的财产，且陆峰和董倩之间没有财产约定，那么这套房产实际上是陆峰和董倩的夫妻共同财产，不管是登记在谁的名下，所以，这份协议本质上约定的是：如果陆峰不能与董倩离婚，则陆峰将属于他和董倩夫妻共同财产的这套房子赠送给汪小婷，所以这是赠与协议，也就是赠与合同，而且还是一份附条件的赠与合同。

》法点链接：附条件的合同

附条件的合同是指当事人在合同中特别规定一定的条件，以条件是否成就来决定合同效力的发生或消灭的合同。比如说甲和乙签订一个房屋买卖合同，约定甲同意把房子卖给乙，但是条件是要在甲调到外地工作后，那么这个条件一旦满足，这个卖房的合同就生效了，就必须履行。

那么，这份附条件的赠与合同又是否有效呢？主要看两点：一是所附条件有没有问题，二是赠与本身有没有问题。

这个条件是什么？是如果陆峰不与董倩离婚就赠送房产，这个条件本身就违反了我国婚姻法第二条所规定的婚姻自由的原则，属于干涉他人离婚自由，所以这个条件本身是有问题的。

其次，即使所附条件没有问题，这种赠与的约定也违反了我国婚姻法关于夫妻对共同所有的财产享有平等处理权的规定。《最高人民法院关于适用〈中华人民共和国婚姻法〉若干问题的解释（一）》第十七条规定："……（一）夫或妻在处理夫妻共同财产上的权利是平等的。因日常生活需要而处理夫妻共同财产的，任何一方均有权决定。（二）夫或妻非因日常生活需要对夫妻共同财产做重要处理决定，夫妻双方应当平等协商，取得一致意见。他人有理由相信其为夫妻双方共同意思表示的，另一方不得以不同意或不知道为由对抗善意第三人。"这条规定意思很明确，对于夫妻共同财产作出重要处理，一方必须征得另一方的同意，否则无效，但除非对方是善意第三人。那么怎样才是善意第三人呢？

» 法点链接：善意第三人

通俗地说，就是当财产被转让给受让人的时候，本来存在某种法定的情形会导致这种转让行为无效，但是受让人是出于善意取得财产的，这种情况下，受让人被称为善意第三人。什么叫善意呢？就是“不知情”——不知道存在导致转让无效的某种事实。《最高人民法院关于贯彻执行〈中华人民共和国民法通则〉若干问题的意见》第八十九条规定：“在共同共有关系存续期间，部分共有人擅自处分共有财产的，一般认定无效。但第三人善意、有偿取得该财产的，应当维护第三人的合法权益。”因此，这里还要注意取得财产时“有偿”，意思是如果付出了相应的对价，所有权人不得请求第三人返还原物。但所谓相应对价，不仅仅是花了钱就行，还要看花了多少钱，如果明显低价，也不属于善意第三人。

所以最新颁布实施的《最高人民法院关于适用〈中华人民共和国婚姻法〉若干问题的解释（三）》第十一条第一款也进一步规定：“一方未经另一方同意出售夫妻共同共有的房屋，第三人善意购买、支付合理对价并办理产权登记手续，另一方主张追回该房屋的，人民法院不予支持。”这个时候，就是一方真的不知情，也只能自认倒霉了。当然该司法解释的第十一条第二款又规定了对不知情一方的救济措施：“夫妻一方擅自处分共同共有的房屋造成另一方损失，离婚时另一方请求赔偿损失的，人民法院应予支持。”也就是说房子虽然要不回来，但可以在离婚时要求擅自转让房子的配偶进行赔偿。

回到本案来说，汪小婷和有妇之夫陆峰同居，她应该明知房产属于陆峰与董倩的夫妻共同财产，也明知赠与房产不是董倩的意思，况且她没有付出对价，是无偿取得，所以她不属于善意第三人。

最后，法院经过审理，支持了董倩的诉讼请求，判决陆峰与前妻汪小婷所签订的赠房协议无效。

拿到判决书后，汪小婷没有上诉，也许她为当年的眼光短浅而感到后悔，也许她仍然在寻找下一个能给她带来富足生活的男人。但是陆峰却在得到妻子的原谅后一再反省自己的所作所为，一个男人要证明自己的强大并不是一味去征服未曾征服的女人，其实能够坚守自己的家庭，承担忠诚责任的男人才更能够赢得世界。

我的隐婚男友

·关键词·

剩女　婚前同居　隐婚族　流产　承诺书

2009年9月的一天，已是凌晨三点，而在黑龙江省某市的一家医院急诊室里，就诊的患者仍是络绎不绝，所有的医护人员都在忙忙碌碌。就在这时，急诊室的大门突然被猛地推开了，一个年轻男子一边喊一边冲了进来："医生在哪？快来救人啊，有人快不行了！"只见这男子怀中正抱着一位脸色惨白的女人，在她的左手腕上触目惊心地扎着一条被鲜血浸透的丝巾，血还是止不住地往外涌。医护人员立刻围了过来，把女人推进手术室，然而这时，外面又跌跌撞撞冲进来两位老人，见了男人，他们特别激动："这是怎么回事，这不是都要结婚了么？我女儿怎么会寻死觅活的呢？是不是你欺负了她？她要是有个什么三长两短的，我们不会放过你！"

这一喊一闹的，急诊室里像炸开了锅，大家都好奇地把目光投向了年轻男子和这对老年夫妻，这究竟怎么回事？既然两个年轻人结婚在即，又为何发生这样的惨剧？从男人急切的神情来看，似乎是对女人感情深厚，可如果两情相悦，女人又为了什么要自寻短见呢？这背后究竟有什么难言之隐呢？

● 酒吧结缘，女经理爱上小职员

受伤的女人叫赵亚丽，时年 33 岁，她毕业于名牌大学，是一家知名公司的人事部经理，人长得也非常漂亮，可以说是一名相当优秀的白领丽人。可如此佳人，33 岁了，却还在为婚姻大事发愁。原来，现在流行这样的理论：女人总期望找个比自己优秀的男人做伴侣，如果把人按优秀程度分成甲乙丙丁四个级别，那么丁女想找丙男，丙女要找乙男，乙女就找甲男，这样一来，甲女就被剩下了。而赵亚丽就是一个典型的甲女。几场恋爱谈下来，没有一次成功，最近她又和一位见了几次面的钻石王老王吹了，心情恶劣到了极点，天天到酒吧喝酒！可偏偏就在她对婚姻绝望之时，属于她的缘分却来了！

这一天，赵亚丽急急忙忙赶到公司要主持一个重要的招聘会。这第一批面试的十个人排着队进了会议室，赵亚丽目光一扫，愣住了，只见面试者当中，有个带着金丝边眼镜的小伙子正直勾勾地盯着她，眼神中还带着一丝捉摸不透的笑意，赵亚丽心里直纳闷儿。直到面试结束，这小伙子竟然径直走到了赵亚丽面前："原来你在这儿上班！怎么？不记得我了？那天你喝多了，还是我送你回家的呀。"这一下才赵亚丽猛地想起了几天前的一个晚上。

那天，赵亚丽因为失恋，来到酒吧借酒消愁，记得当时有个好心的小伙子一直在安慰自己，最后还帮她叫车回家。第二天醒来想谢人家，却没有电话。直到这会才想起来他不就是眼前这个“金丝边眼镜”么，赶紧道谢：“太巧了。走，我请你吃饭，顺便给你支支招。”

原来小伙子叫王鹏，本来在广西老家一家企业工作，但他好学上进，一年前辞职来到北方闯荡，可凭他的条件想进入大公司实在太难了。于是他白天不断面试，晚上就在酒吧打工。听到这些，赵亚丽对王鹏的印象更好了，觉得他善良、上进，于是鼓励他：“好好努力，祝你应聘成功！”王鹏说：“我也希望能有幸和赵大美女成为同事！”这话把赵亚丽说得心花怒放，饭都多吃了几口。

直到王鹏走了，赵亚丽的兴奋劲儿还没过去，一回到办公室就让秘书翻出王鹏的简历，28 岁，广西人，某大学工商管理专业毕业，未婚。当看到婚姻状况栏里的“未婚”二字时，赵亚丽只觉得自己心里一动，一股异样的感觉从心底升起。自己这是怎么了？难道对王鹏动了心？可王鹏条件一般，和自己并不般配，如果自己是个甲女，王鹏最多算是乙男啊。这天晚上，赵亚丽失眠了，想起这个虽然普通却和自己很有几分缘分的小伙子，她的内心充满了柔情，有个念头忽然跳了出来，为什么不给王鹏一个就业的机会呢？这也等于给了自己的爱情一个机会啊？第二天，赵亚丽把王鹏约了出来，告诉他已经进了复试，而且还把复试题目一股脑儿倒了出来。王鹏激动得握住赵亚丽的手：“亚丽，你对我太好了！我进了公司一定会好好感谢你的！”王鹏叫得亲切，赵亚丽却羞红了脸。

接下来不出赵亚丽所料，王鹏顺利通过复试，被公司录用。可让赵亚丽没想到的是，王鹏当初是千恩万谢，可进入公司后，两个人的罗曼史却并没有像预期的那样发展起来。怎么回事呢？

自打王鹏进了公司，对赵亚丽的态度就来了个 180 度大转弯，总是一本正经地叫“赵经理”，从不多说一句。这天，赵亚丽忍不住找到王鹏流着泪问：“我的心思你真不明白吗？是嫌我比你大了5岁？还是你已经有对象了？你明说，我不会缠着你的。”王鹏一看赶紧解释：“亚丽，我没有女朋友，也不是年龄的问题。其实我从见到你的第一眼就喜欢你了，不然怎么会打车送你回家呢？只是你是高高在上的部门经理，我才一个刚入职的小职员，我怕自己配不上你啊！再说了，跟你谈恋爱，我也怕公司里的人说我是为了升职才追你的！”赵亚丽这一听，破涕为笑：“你真傻，你现在是小职员，可只要你努力，要升职不是什么难事，我这个人事部经理可以帮你。再说了，你要是怕别人说闲话，在你升职之前，我们可以偷偷谈恋爱啊。”王鹏特别感动，终于一把抱住佳人：“亚丽，你太善解人意了。我以后一定好好干，等我也当上部门经理，我就有能力娶你了！”

● 怀孕梦碎，反逼出男友隐秘

这样，一对有情人终于走到了一起，他们在公司附近租了房子，过上了幸福的同居生活，赵亚丽甚至带着王鹏去见了自己的父母，两位老人也说：“女儿啊，你以前要求太高，现在踏踏实实和小王一起，我们放心！”另一方面，王鹏在赵亚丽的指导和帮助下，在事业上也得到了很大的发展，真的当上了业务部门的总经理。赵亚丽比谁都高兴，王鹏升职的当晚，她特意做好饭菜，准备庆祝一番，在她看来，今晚王鹏一定会向她求婚的，可没想到，求婚没等到，她自己却先出事了。

这天晚上，两人正吃着浪漫的烛光晚餐，赵亚丽突然眉头紧锁，双手捂住肚子：“哎呀，我肚子疼得快不行了，赶紧送我去医院！”王鹏还没反应过来，赵亚丽便腿一软跌坐在地上，只见鲜血不断地从她身子下面涌出，地毯瞬间染红了一片。王鹏吓傻了，抱起赵亚丽去了医院，医生的诊断让王鹏感到震惊：这是宫外孕引发的大出血，必须立即做手术！

王鹏想不通，赵亚丽怎么会怀孕呢？他们不是一直都在避孕吗？原来赵亚丽太想结婚，她考虑王鹏毕竟小自己几岁，将来升了职难保有变故，于是她两个月前悄悄停了避孕药，就盼着能怀孕，好让王鹏和自己早日结婚。可她怎么也没想到，孕倒是怀上了，偏偏碰上了宫外孕。“宫外孕”就是胚胎形成在子宫外面，是非正常怀孕，一旦发生大出血，处理得不及时是会要命的。这一次，为了保命，医生切除了赵亚丽的右侧输卵管，说：“这个手术有可能会影响你今后的生育能力，请做好心理准备！”赵亚丽哪里接受得了，眼泪止不住地往下掉。做父母的也为女儿心疼，就劝：“别太伤心，还是趁早和小王把婚结了吧，以免夜长梦多！”赵亚丽一听，是啊，自己为王鹏付出这么多，该是要个名分的时候了。可她想不到的是，出院之后发生的事简直让她欲哭无泪。

这天，赵亚丽郑重提出来：“我身体这个样子，你应该对我负责，我们结婚吧！”没想到王鹏敷衍说：“你刚出院，等身子养好了再说。”赵亚丽心里一凉，心想：果然不出所料，王鹏肯定是看自己不能生育了，打算始乱终弃啊！突然间，她把连日压在心头的痛苦、委屈都一股脑儿地发泄出来，冲进厨房拿了把菜刀，说：“我身体被你弄坏了！你不想负责了？你今天要是不跟我结婚，我就死给你看！”王鹏看这架势，一下子跪在地上：“你别激动！我不是嫌弃你，我是不能跟你结婚呀！我早就有老婆孩子了啊！”

什么？这怎么可能？当初赵亚丽可是亲眼看到王鹏的简历上写的“未婚”啊！她怎么可能相信王鹏：“胡说！你就是嫌弃我！”看

到赵亚丽不依不饶，王鹏也豁出去了，他把赵亚丽拉到电脑前，打开一个设密码的文件夹，里面是一张张温馨甜蜜的照片，上面的一男一女紧紧依偎在一起，还抱着一个胖胖的小男孩，而那照片里的好丈夫、好父亲，不是王鹏又是谁呢！

原来，王鹏早已在老家结婚生子，可是精明的他看出赵亚丽对自己有好感，为了应聘，他在和赵亚丽吃完午餐后，特意找人事部的秘书更换了一份新简历，把婚姻状况改为“未婚”。起初他的本意是要想利用这种好感，使自己的应聘顺利些，没想到竟然得到赵亚丽毫无保留的帮助，而之后赵亚丽一再向他示好，并表示能在事业上帮助他，再加上他本来就对这个优秀的女人欣赏有加，于是就彻底隐瞒了自己的已婚身份，和赵亚丽同居起来。

- **女友轻生，想补偿怕赔偿**

听说了这样的真相，又哭又闹的赵亚丽安静了下来，手里的菜刀也掉到了地上。王鹏松了一口气，心想这埋在心底两年的秘密终于说出口了。可没想到，绝望中的赵亚丽突然转过身来猛抽了王鹏两个巴掌，然后捡起掉在地上的菜刀，狠狠在自己的左手腕上划了两下，鲜血喷涌而出。等王鹏反应过来，一把抢下刀，立刻拨打120，可一心寻死的赵亚丽却用尽力气扑过去掐断电话，王鹏没办法，这才一边抱起赵亚丽直奔医院，一边电话通知她的父母。两位老人一听说女儿自杀了，火急火燎地赶到医院来质问王鹏，这就是我们开头所看到的一幕。

经过抢救，赵亚丽脱离了生命危险。手术室外的王鹏和赵家老两口都松了一口气。然而当听到王鹏说出了一切真相，老两口气得简直要晕过去了。赵妈妈对着王鹏又撕又扯起来：“你真不是东西！

差点害死我家小丽！告诉你，你要不就结婚，要不就赔钱，否则我老太太不放过你！”王鹏自知理亏，为了脱身只好点头：“我愿意赔钱，你们说赔多少吧？”于是几番讨价还价，最终协商：王鹏补偿赵亚丽共18万元。当时老两口就在医院向护士要了纸笔，当场签下承诺书：“王鹏和赵亚丽发生同居关系，导致赵亚丽宫外孕大出血、右侧输卵管切除，影响其生育。现王鹏因自身原因不能和赵亚丽结婚，所以自愿对赵亚丽输卵管切除造成的损失以及今后的生命安全和幸福作出补偿，补偿金额共计18万元。”之后，老两口又坚持让王鹏到医院外面的取款机取了8000元钱，交给医院做治疗费。这才让王鹏走了。

然而，王鹏签完承诺书就后悔了，请假躲回了老家。可赵亚丽的父母是不断打电话来催款，提心吊胆的王鹏生怕妻子会起疑心，只好回来想找赵家再商量商量。可他刚回到住处，就接到了法院的传票，原来赵亚丽已经把他给告上了法庭，要求他兑现承诺赔偿18万元，并要求另行赔偿精神损失费10万元。

王鹏虽然心怀愧疚，但这么一大笔钱当然不想给，于是开庭时，他是百般辩解。首先王鹏提出来：“虽然原告的右侧输卵管被切除，是因为宫外孕的原因，但这宫外孕只是一种意外，又不是我故意造成的，所以要我承担责任是不公平的。其次，这份承诺书是赵亚丽的父母不依不饶逼我写的，不写就不让我离开医院，不是我的真心话。这在法律上叫做胁迫，是无效的！”赵亚丽一听就气愤地喊了起来：“无耻！如果不是你欺骗我，我不会和你同居，不和你同居就不会发生宫外孕，这怎么不是你的错？再说了，我父母胁迫你？他们两个老人手无寸铁，怎么胁迫你了呀？你要是不想写的话，他们能拿你怎样？”

这原被告争论得非常激烈，说得好像都有道理，法官又会支持谁的观点呢？

首先，不提承诺书，单就法律是否保护因为非婚性行为而受到伤害的女同胞这个问题来看，也就是说，在同居中，女方受到损害了，男方是赔还是不赔？

法点链接：同居中的侵权行为

虽然法律对于有配偶者与他人同居的行为是禁止的，不保护的，但对于一方在非婚性行为中给对方造成的伤害却不是不闻不问的。我们可以从民事侵权的角度来看待这种行为，如果构成侵权，当然应当承担相应的赔偿责任。但是判断是否构成侵权，要符合四个要件：必须是一个违法行为，导致对方受到了损害结果，而行为和结果之间有着因果关系，而行为人也存在过错。这就构成了侵权。本案中，王鹏有配偶仍然与赵亚丽同居、发生婚外性行为，这种行为无疑是一种违法行为，而且造成了赵亚丽因宫外孕致右侧输卵管被切除的损害后果，这种违法行为与损害结果之间有着因果关系。分析到这里，侵权行为中的三个要件都具备了。

但本案情况特殊：因性行为导致宫外孕的发生，而且造成右侧输卵管切除的概率，就医学上而言，是相当小的，它与女性自身的特殊生理结构也有必然的关系。而王鹏与赵亚丽发生性行为时，对导致宫外孕的损害结果是没有办法预知的，因而在主观上没有过错，不构成侵权。

但不构成侵权并不意味着不需要赔偿。因为赵亚丽所遭受到的损害后果较为严重，由其独自承担这个后果显然不公平，此时就应该适用公平原则，由发生性行为的双方，即王鹏与赵亚丽分担这种损害后果。也就是王鹏要分担赵亚丽因宫外孕造成右侧输卵管切除的治疗费用，在本案当中法院查明医疗费、住院费、误工费等相关费用共为 4.8 万元。而且这种分担的比例，不是均等的，由于王鹏对赵亚丽始终隐瞒婚姻状况，所以其比例应当高于赵亚丽自身所承担的。至于精神损失费，并不包含在公平原则的赔偿范围内，是得不到法院支持的。

此时，有人一定会为赵亚丽叫屈：4.8 万元，还要两人分担，那赵亚丽岂不是要败诉？太不公平了！别急，因为本案还有一个特殊情况，就是王鹏写了一份承诺书，承诺补偿赵亚丽身心损失 18 万元。虽然法律对于婚外同居行为不保护，但是，如果当事人之间已对可能出现的或者已经出现的损害进行了赔偿的约定，只要这些约定是当事人自愿作出，也不违反法律的强制性规定，那么法律就予以认可，应当保护。可是法庭上王鹏声称这份承诺书是赵亚丽父母胁迫他写的。

而依据我国民法通则第五十八条第一款规定："具备下列情形之一的行为为无效民事行为：……（三）一方以欺诈、胁迫的手段或者乘人之危，使对方在违背真实意思的情况下所为的……"如果这承诺书真是在胁迫的情况下写的，那就是无效的。

》法点链接：胁迫行为

那么什么是民法意义上的"胁迫"？《最高人民法院关于贯彻执行〈中华人民共和国民法通则〉若干问题的意见（试行）》第六十九条对这个问题作了明确的界定，那就是"以给公民及其亲友的生命健康、荣誉、名誉、财产等造成损害，或者以给法人的荣誉、名誉、财产等造成损害为要挟，迫使对方作出违背真实的意思表示的，可以认定为胁迫行为”。而赵亚丽的父母并没有采取这些行为，只是如王鹏所说的不依不饶，这不依不饶可以理解为是一种言词过激的说理，而不属于胁迫。

最后，法院经过审理认为：原告赵亚丽在与被告王鹏发生婚外性行为过程中致赵亚丽宫外孕，被迫做了右输卵管切除手术，对赵亚丽的身心造成了一定损害。虽然王鹏对这种损害后果没有主观过错，但其承诺自愿补偿赵亚丽的身心损失18万元，是真实意思表示，是一种有效的民事行为。遂判决王鹏履行承诺，向赵亚丽支付18万元补偿金，驳回其他诉讼请求。

18万元虽然不能弥补赵亚丽内心的创伤，但多少给了她一份恢复健康的经济保障。而回头看看本案，王鹏为了前途，隐瞒已婚生子的身份而骗取情感的行为，应遭受道德谴责，但备受伤害的赵亚丽在这场官司上的险胜，恐怕是得益于两位老人为她争取到的这份承诺。这也给了许多选择婚前同居的女性一个提醒：即使不会遇人不淑，对于游离于法律之外的婚前之性，法律有时候也是爱莫能助，事后的赔偿总是杯水车薪，那么为何不在遭遇剧痛之前，学习如何避免伤痕。

两个女人的战争

·关键词·

共同创业　姐弟恋　股权转让　遗赠　股东资格

在2009年5月的一天，四川省某市工商局的大厅里，虽然办事的人不少，但仍然是一派井然有序的景象，这时候门口急慌慌地进来一个中年女人，只见她四周张望了一下，就冲向办理变更登记的柜台。而柜台前面，正有一对年轻男女一边递送材料，一边和工作人员说话。这中年女人一个箭步冲过去猛然按住了这叠材料，大声喊道："同志，这个手续不能办，我是大股东，没有经过我的同意，谁也不能对股份进行处理。"这时年轻男人站起来说："妈，您这是干什么？这件事我有权决定！"男人没说完，身旁的年轻女人也争辩起来："就是，您是大股东，就能一手遮天吗？"一听这话，中年女人抬高声调指着年轻女人骂了起来："你可真不要脸！骗了我儿子的感情，还想算计我们家财产啊，告诉你，只要我活着，你就休想得逞！"两个女人这一吵一闹，大厅里办事的人们都围了过来，想看看热闹。

这究竟怎么回事呢？是母子之间争股份闹矛盾吗？可为什么这个中年女人又指责年轻女子想谋取自家的财产呢？三个人之间究竟有着怎样的感情纠葛？我们要先从这个年轻女子开始说起。

● 患难成姐妹，富贵引仇怨

她叫方文洁，时年29岁。几年前从一个小县城来四川打拼，因为学历不高，只在一家室内设计公司做前台，但这姑娘特别聪明，又肯下工夫，没两年就自学成才，画得一手漂亮的设计稿，这就引起了公司老板李俊的注意。李俊觉得这姑娘不但模样俊俏，还才华横溢，一来二去的，两人谈起了恋爱，随后步入了婚姻的殿堂。婚后方文洁当上了丈夫公司的设计总监，可谓爱情事业两丰收。没想到一年后，李俊就有了婚外情。方文洁性子烈，毅然决定离婚，净身出户，还离开了李俊的公司。为了生存，她到处应聘，盼望找个能施展才华的工作，可几个月过去了，也没找着合适的。就在方文洁最落魄的时候，有一个人走进了她的生活，打破了她的平静。

这一天方文洁到她和李俊以前的住处搬东西，一进小区，就听见一声惊叫："是文洁啊，听说你离婚了，怎么回事啊？"方文洁一看，这不是小区里的女邻居刘依娜么，因为帮她家装修过房子，成了关系不错的朋友。听了方文洁诉说离婚的遭遇，刘依娜眼圈都红了，要说两人背景也算相似，刘依娜36岁，也是一个人从小县城出来打拼，后来嫁给了从事建筑行业的丈夫王付刚，成了衣食无忧的全职太太。听说了方文洁的遭遇，一方面是出于同情，另一方面是出于欣赏，她竟然提了一个出人意料的想法："你这么有才华，不如咱俩一起开个设计公司，你出力，我出钱，肯定能干好！"方文洁一听也有点心动，这一夜，两个人设想着公司的未来前景，越聊越兴奋。

没过几天，刘依娜就拿出了一套方案：“我想好了，启动资金100万元全由我出。我和我老公签了一份协议，我占股70%，我老公占股20%，另外10%给我儿子。公司成立以后，我管账，你负责谈客户和搞设计，每月1万块工资，每单活的利润再提成20%！你看怎么样？”方文洁的生意头脑不如刘伊娜，想了想问：“这相当我技术入股吧？”刘依娜说：“那当然，咱俩都是老板，你每月拿现钱，资金不用掏，亏了本你也不赔钱，多划算！”方文洁心想，既能实现设计理想，又有丰厚的收入，于是满口答应。

她们注册了一家公司取名先锋设计，两人还签了个劳动合同，详细规定方文洁的各种待遇。随后，方文洁开始大张旗鼓地开展业务活动，联系了老客户，又去开拓新市场，经过努力，公司的客户越来越多，三年后，先锋设计已是当地业界的知名公司，年盈利也非常可观。这两个女人一个出钱，一个出力，共同打造了一份事业，这原本是一台好戏，可这出戏唱着唱着，就变了味，两人之间产生了激烈的矛盾和冲突，到底是怎么回事呢？

要说还是“钱”字惹的祸。共患难容易，同富贵却很难。方文洁闷头干了三年多，抬眼一看，公司每年盈利200万元！可自己拿到的还不到60万元。要说公司里里外外大大小小的事务全是自己一个人撑着，而她刘依娜呢？当年出资的100万元早就收回来了，如今却是一个甩手掌柜，好不自在，凭什么拿到的却比自己多那么多呢？况且公司现在名气大了，可光彩都贴到董事长刘依娜脸上去了，她方文洁只能作为设计总监，默默地站在背后。这越想越觉得憋屈啊，自己好歹也该占点股份才公平吧。于是这天她跟刘依娜一说，满以为不成问题，谁知刘依娜一口回绝：“文洁，你对公司贡献是大，可我也没亏待你，该给的都给了，你要不满意，我可以给你加薪，但股份的事，劝你还是别想了！”方文洁一听火了：“当年你说过咱俩都是老板，现在竟然翻脸不认人！我不想再给你打工了，不给股份，我就辞职！”刘依娜毫不挽留：“想另谋高就，我不拦你！”方文洁一气之下，当场写了辞职信，拂袖而去。这两个曾经一起创业的女人就这样不欢而散。

方文洁回家一想，刘依娜不懂设计，离了自己公司根本没法运作，她肯定得来求自己回去，可两周过去了，刘伊娜愣是没来。方文洁沉不住气了，来到公司一看，大吃一惊：一个二十五六岁的小伙子正坐在她的座位上，见到有人进来，迎上来热情地招呼：“您好，我是这里的设计总监，请问你有什么需要？”方文洁惊呆了，没想到刘依娜竟然这么快就找人顶替了自己，她冲进董事长办公室，劈头就问：“刘依娜，你不仅出尔反尔，还想让我走人呀？”刘依娜相当冷静：“不是我让你走人，是你自己辞职走的，再说了，你撂挑子，我把自己的儿子找来帮忙还不行么？”儿子？这是怎么回事？这一下方文洁才想起来，刘依娜的丈夫王付刚是二婚，带了个前妻生的儿子过来，叫做王晓亮，18 岁的时候被送到英国攻读室内设计，今年才学成归国，难怪自己甩手走了刘依娜一点不担心，原来家里有个现成的设计师王晓亮。

方文洁一看吃了哑巴亏，又气又急，离开公司就去了一家律师事务所，向律师咨询：“当年刘伊娜答应我是技术入股，现在我能告她要回股份么？”律师说了：“恐怕不行！你和公司签订是劳动合同，从法律上说你只是公司的员工而不是股东，想要股份，除非刘依娜或者其他股东自愿把股份出让给你。”听了律师的话，方文洁非常失望。

● 宿敌变婆媳，试借婚姻逆转败局

而刘依娜看方文洁一两个月都没有再来纠缠自己，也松了一口气。可没想到这天，她却看见方文洁打扮得光彩照人，踩着高跟鞋从自己办公室前一晃而过，立马喊住她："你不是辞职了吗，还来干吗？"方文洁瞥了她一眼："我今天可不是来找你的，我是来找晓亮的。"刘依娜没反应过来，方文洁就冲进对面办公室，一把拉住王晓亮的手说："亲爱的，我们走吧！"说罢两人手挽手地往外走。刘伊娜是惊得目瞪口呆，这方文洁怎么会和自己的继子王晓亮搅和到一块儿去呢。

原来，自打王晓亮头一次见到方文洁，就被她深深吸引，后来又看了不少方文洁的作品，更是被她的才华所征服。巧的是，一次业界交流活动中，两人碰了个正着，虽说方文洁比王晓亮大三岁，但共同的职业让他们产生了强烈的共鸣，尤其在听说了方文洁与继母刘伊娜的恩怨后，王晓亮更觉得同情，认为继母对不住立下汗马功劳的方文洁，于是，两人就谈起了恋爱。

这边两人甜甜蜜蜜，那边刘依娜火冒三丈，坚决反对王晓亮和方文洁在一起，回家向老公王付刚哭诉。可王付刚是个开明人，一直以来对方文洁的印象也很不错，倒反过来劝妻子："现在年轻人都是自由恋爱，我们不好干涉，再说文洁这人也靠得住！"刘依娜哪肯罢休，天天跟闹王付刚闹腾。可没想到儿子不听话，老公不贴心，更让她生气的事还在后头。

这天，刘依娜一进公司，前台就神神秘秘地对她说："董事长，不得了了，昨天晚上我听到王总打电话，好像说是要和方文洁结婚，还谈到什么股份的事，今天我一来就在打印机里发现这个，您赶紧看看！”刘依娜接过来一看，这是一份打印好的协议，写着：“双方约定，王晓亮在领取结婚证后把自己所有的先锋设计公司10%的股份赠送给妻子方文洁。”刘依娜当场就懵了，没想到这两个人不但要结婚，还要赠送股份，这还得了！刘依娜火烧火燎地给王晓亮打电话：“方文洁是想要公司股份才肯跟你结婚的，你别上她的当啊！”可王晓亮说：“我们刚才已经领证了，再说赠送股份是我自愿的，您就别操心了！”刘依娜一听，证都领了？该不会股东变更手续也办了吧。她是心急如焚地来到工商局，果然，正撞见方文洁和王晓亮在办理股权变更手续，于是二话没说就冲上去大吵大闹，指责方文洁居心不良。这就是我们开头所看到的一幕。

刘依娜这么一闹，王晓亮和方文洁的股权转让手续自然是没有办成，方文洁心里怄着一口气，正打算再多跑几趟工商局试试，可没想到却突然收到了法庭的传票，竟然是刘伊娜把她告上了法庭。原来刘伊娜一想到小两口的那份赠股协议，就心有余悸，虽然这次因为自己的阻挠工商局没给办手续，可这以后的事谁说得准呢，这份协议就像是颗定时炸弹，不知道什么时候就爆炸了呢！于是她就把方文洁和王晓亮告上法庭，要求宣告他们的这份赠股协议无效。

到了法庭上，刘依娜咄咄逼人：“你们的协议是违反公司法的，公司不是你王晓亮一个人的，你说赠送就赠送，没有我这个大股东的同意就是无效的！”王晓亮说：“这10%的股份是我的个人财产，我有权处理，我卖也好，送也好，别人无权干涉！”方文洁也紧接着说：“就是，我老公说得没错，再说我们这不是普通的赠与协议，这是婚后财产协议，是受婚姻法保护的！你无权干涉”。

>> 法点链接：夫妻间股权转让协议的效力

在许多人看来夫妻间转让股权，是一种左手换右手的事，是应当允许且有法律效力的。即使所转让的股权是一方的婚前个人财产，依据婚姻法第十九条关于“夫妻可以约定婚姻关系存续期间所得的财产以及婚前财产归各自所有、共同所有或部分各自所有、部分共同所有……”的规定，这种股权转让也是有效的。

但是，从法律的角度，这种认识是错误的，或者说是不全面的。因为，股权是股东因出资而取得、依法定或公司章程的规定而享有的参与公司事务并享有公司权益的权利，包括对公司的经营管理权、监督权、重大事项的表决权、红利分配权等各项权利。股权既具有财产性又具有人身性，是一种特殊的财产形态。夫妻间转让股权，不仅要符合婚姻法规定，同时还要符合公司法的规定。公司法第七十二条第二款规定：“股东向股东以外的人转让股权，应当经过其他股东过半数同意……”公司法之所以这么规定，是有限责任公司的人合属性决定的。有限责任公司的设立，很大程度上基于各股东之间的相互信赖及股东个人背景。如果允许有限责任公司股东任意转让股权，将会对其他股东、市场交易相对人及公司本身的权益造成很大影响，不利于公司的稳定，对社会经济的发展也将极为不利。在本案中，刘伊娜作为股东不但当庭表示自己不同意王晓亮向方文洁转让股份，而且还出示了另一股东也就是其丈夫王付刚签名的声明书，也明确表示不同意王晓亮转让股份给方文洁。

看到这份声明书，小两口很是诧异，王付刚怎么也掺和进来了呢？原来，刘依娜在起诉前，跟王付刚哭哭啼啼：“股权的事你必须跟我站一队，否则咱们就离婚！”王付刚本来不反对分点股权给方文洁，但面对妻子的要挟，他只好写了这么一份声明书。

这样一来，法院认为，王晓亮转让股份给方文洁的行为不符合公司法规定的股份转让程序，因此认为这份赠与股权的财产协议无效。

● 飞来横祸，股份之争再掀风云

官司输了，方文洁当然气愤，而王晓亮也替妻子打抱不平，离开了先锋公司，公司业务受到了严重影响，老客户走了，新客户谈不下来，焦头烂额的刘伊娜只好硬着头皮去找小两口："如果文洁肯回公司来，我可以让你做总经理。"方文洁一口回绝："不给我股份，什么都免谈！"就在他们讨价还价的时候，一场突如其来的意外让谈判戛然而止。

原来，王付刚所视察的工地突发爆破事故，王付刚身受重伤，虽然尽力抢救，但还是因为伤势太重，两周后离开了人世。刘依娜和王晓亮悲痛欲绝，方文洁也暂时把恩怨放在了一边，帮着丈夫和婆婆办理后事。可这事情刚办完，三个人的矛盾又爆发了，还是为了股份。

原来，方文洁提出要继承公公王付刚名下20%的股份，刘依娜一头雾水："我丈夫的股份应该由我和晓亮继承，这关你儿媳什么事啊？"让刘依娜震惊的是，方文洁拿出了一份王付刚亲笔写下的遗嘱，内容是他把自己名下先锋公司股份赠送给儿媳方文洁，其他财产按照法律规定处理。其实王付刚对方文洁的为人和才华都赞赏有加，一直认为先锋公司应该给她股份，可因为妻子的阻挠，违心出具了声明书，很是内疚，于是临终时，在儿子晓亮的提议下写下了这份遗嘱，算是对方文洁的补偿。可刘依娜不答应啊："先锋公司是我一手创办，我丈夫没花过一天心思，凭什么把股权赠给别人。我不同意！”这次方文洁不想再忍，一纸诉状把先锋公司告上了法庭，要求要继承公司的股权。

作为先锋公司的法定代表人，刘依娜坐在了被告席上，听完方文洁的发言，她两眼冒火地反驳：“这份遗嘱是无效的！一来，我丈夫在先锋公司的20%股份属于我们夫妻共同财产，我有一半份额；二来，你是儿媳，不是法定继承人，没资格继承遗产。再说了，股权这东西能随便继承吗，上一场官司不是说了么，没有我的同意，股权不能处理。”刘伊娜说遗嘱处分了她和王付刚的夫妻共同财产，是无效的，这种说法？方文洁有没有资格继承遗产呢？我们来分析一下：首先，先锋公司在两人婚后成立，一般情况下属于夫妻共同财产，但在公司成立时，刘伊娜和丈夫曾经书面约定先锋公司各自名下的股权归各自所有，按照婚姻法第十九条规定，王付刚名下20%股权属于他的个人财产，他有权处分。其次，方文洁作为儿媳，虽然不是法定继承人，但继承法第十六条规定：“公民可以立遗嘱将个人财产赠给国家、集体或者法定继承人以外的人。”法律上叫做“遗赠”，方文洁作为受遗赠人，也可以继承王付刚的遗产。

既然王付刚有权处分自己的个人财产、方文洁也可以继承其遗产，那么她是不是就能够继承王付刚的股权呢？股权，通俗地说是指作为股东享有的各项权利，既包括红利、股份价值等财产性权益，也包括表决权、监督权、经营管理权等人身性权益。财产权益按照继承法规定可以继承，但人身性权益，也就是股东资格，受遗赠人能不能继承呢？

》法点链接：股东资格继承

股东资格又称股东地位，是指各民事主体作为公司股东的一种身份和地位。公司法第七十六条规定："自然人股东死亡后，其合法继承人可以继承股东资格；但是，公司章程另有规定的除外。"这条规定表明，股东资格是可以继承的。但是这里说的是"合法继承人"，也就是说有权继承股东资格的主体只能为继承人，而非他人。而遗赠关系中，不存在继承人，受让人为受遗赠人，受遗赠人与继承人是两个完全不同的法律主体，因此，在公司法第七十六条已对股东资格继承主体作出明确规定的情形下，不能任意地将受让主体扩大到受遗赠人。所以股东将其股东资格遗赠于非法定继承人时，股东资格并不发生当然转让，在这种情况下，受遗赠人只能接受遗赠人赠送给他的股份中的财产权，而并不必然地接受遗赠人的股东资格。本案中，由于方文洁不是王付刚的法定继承人，所以不能继承赵大伟的股东资格。她可以将接受遗赠的股份留在公司享受分红，也可以将股权转让给刘伊娜，或者王晓亮。

在审理过程中，法院向方文洁解释了相关法律规定，开始给双方做调解工作。这边方文洁很失望，因为她争得不是钱，而是自己在这一手创办的先锋公司中的一席之地，她看中的只是股东这个身份。所以她一再表示只要刘依娜同意她成为股东，她愿意放弃相应的财产价值。而刘依娜看到方文洁如此表态，心中也有几分感动，另外她也充分意识到，公司离开了方文洁很难顺利经营下去，所以她最终同意方文洁成为公司的股东，拥有20%的股份。

官司结束后，刘依娜主动到工商局办理了股东变更登记，并且任命方文洁为总经理，王晓亮为设计总监，三人决心齐心协力把先锋设计公司继续做大做强。到这时，两个先是互相欣赏后又互相痛恨的女人之间的股权之争才终于结束。其实生活中，总有太多的不尽如人意，总有太多的利益冲撞，如果每一方都是固执而盲目地坚持己见，结果往往会两败俱伤，而只有“共赢”才是这个社会持续生存的最优法则，有时候各退一步，再狭小的空间都会变成海阔天空。

跨洋断情信

·关键词·

售酒女郎　异国分居　“陈世美”　肝脏移植
夫妻间抚养义务　遗弃罪

2009年10月的一天，在陕西某市的一个法庭门口，一个高高大大、三十多岁的男人急匆匆地走了进来：“同志，你好，我是来拿开庭传票的。”当他接过传票和起诉书仔细阅读时，他脸上的表情越来越难看。然而就在这时，门口又进来了一个二十多岁的年轻女人，男人一见这女人，立刻上前压着火气说：“原来你们把我骗回来就是要钱啊？能不能回去劝劝你姐姐，只要她同意离婚，要多少钱我都愿意给，何必要一次一次闹上法庭这么折腾呢？”女人一听就急了，狠狠上前推了一把这个男人：“你这个忘恩负义的负心汉，想用钱来买自由？告诉你，没门！我姐为了你，连命都只剩半条了，你就得照顾她一辈子！就是不离婚，这钱你也得给！”

女人激动的声音响彻法庭，法警立即上前制止："这是法庭，不得大声喧哗。"而在大庭里等候开庭的人们都好奇地看着他俩，心想：这男人为什么是被骗回来的呢？他又究竟做了什么，被小姨子骂得狗血淋头还不敢还嘴呢？而小姨子又为何理直气壮地认为不离婚也能要到钱呢？在这场官司背后究竟有着怎样辛酸的故事呢？我们就从这个没有谋面的姐姐开始说吧。

● 送你离开，千里之外

年轻女人的姐姐叫做张佩，在她和妹妹张倩很小的时候，父亲就扔下他们母女三人走了，所以作为一个单亲家庭的孩子，张佩从小要照顾母亲和妹妹，她一直憧憬着早日有一个好男人走进自己的生活，替自己撑起一片天空。按道理她应该选择一个成熟、稳重、脚踏实地的本分男人，可这张佩偏偏在上大学的时候爱上了校园风云人物汪洋。这汪洋1米8的身高，开朗帅气，打篮球是前锋，校园歌曲大赛也是全能歌手，可以说是迷倒女生一片。但他与张佩有一个共同点，就是他也是在单亲家庭长大的，相同的经历让两个年轻人渐渐产生了相互依赖的情愫，两人成为了恋人。大四毕业时，两人都考上了研究生，为了让心爱的男友有更好的发展，张佩决定牺牲自己，在当地找了一份工作，承担起男友读研究生的一切开销。那时候，张佩最大的愿望是汪洋研究生顺利毕业后和她结婚，过上幸福甜蜜的小日子，然而生活没有按照她预想的轨迹发展，而是严重地脱轨了。

一天，汪洋兴高采烈地跑回来告诉张佩："佩佩，学校和法国那边合办了一个研究项目，我争取到了去法国深造两年的名额。"张佩也很高兴："这是个好机会，你不要管我，放心去吧。"可汪洋转而又垂头丧气地说："你这么理解我，我真的很感动，但是我可能去不了，参加这个项目个人要负担八万元钱的学费，而且在法国留学第一年是不允许打工的，我们上哪里弄那么多钱呀。"是啊，现在张佩一个人挣钱两个人花，经济上已经很紧张了，哪还有余钱让汪洋留学呢？两个年轻人一夜无眠，第二天清早，张佩说："这么好的机会一定要把握住，你放心去，学费我先去借，你在那边的生活费我省出来给你，但是我希望在你走之前，咱们把结婚证领了。"汪洋一听，紧紧地抱住了张佩："你太好了，我答应你。等我学成回来，一定会让你过上好日子的。"两个人很快就办理了结婚登记，汪洋也登上了飞往法兰西的航班，张佩哭着送别新婚的丈夫，从此成了一名独守空房的留守女郎。

● 苦守身落疾，重聚梦成灰

为了多挣点钱，让丈夫在国外生活得好一些，张佩除了白天上班，晚上也必须打工。开始她在一家饭店做服务员，钱不多，老板就跟她说："你的情况我也知道，有份工作来钱不少，就看你酒量怎么样。"张佩说："我酒量还行，白酒能喝几两。"原来，饭店老板让张佩拿着酒一个包间一个包间去推销，每卖出一瓶能拿不少提成。干这个活儿，酒量非常重要。张佩因为酒量好，人又勤快，每天业绩都很不错。这样辛辛苦苦，每月的收入能有六千多元，自己是省吃俭用，每月按时给汪洋汇上五千元，两年来从未间断。

为了节省开销，出国时张佩和汪洋就约好，这两年汪洋不回国探亲，张佩也不去法国探望，他们都给电脑安装了摄像头，每周都会通过网络视频，面对面聊上两个小时，虽然隔着一层电脑屏幕，张佩还是能够感受到那种新婚的甜蜜。尤其是汪洋还像大学时候一样浪漫，总是在视频的那头对着妻子边弹吉他边唱情歌，还隔三岔五就要在邮件里写上几句山盟海誓的情诗。每当这个时候，张佩总是感动地流泪，感谢上天给了她一个这样情深义重的好男人。

很快，两年时间就快过去了，张佩的妹妹张倩大学毕业，来到了姐姐所在的这所城市，在一家医院当护士，平时住在医院宿舍，到了周末就来陪姐姐。一天夜里张佩喝多了，回到家门口吐了半天，突然间张倩冲过来劈头就问："姐，你怎么不学好，喝这么多酒！"原来，怕家人为她担心，张佩推销白酒的事情跟谁都没说，汪洋不知道，张倩也不知道。这天虽然不是周末，张倩室友的亲戚来了，所以没打招呼就临时过来了，这下张佩推销白酒的事就瞒不了了。张倩知道后是又生气又心疼："为了姐夫，你就不要命了是不是，这酒能天天喝么，早晚要出问题！"听妹妹一说，张佩也有点担心，因为这段时间，她发现自己酒量大不如前，平时也浑身乏力，还老是恶心、想吐。张倩急了，第二天就拉上她去医院作检查，血常规、尿常规、肝功能等一圈检查下来后，医生严肃地对她说："你得了酒精性肝硬化，赶紧住院治疗吧。"张佩当时就吓蒙了，没想到为了让丈夫留学，竟然把自己的身体给赔进去了！张倩更是号啕大哭，当时就要给汪洋打电话，张佩硬是拦了下来："我求求你别打！你姐夫还有三个月就期满回国了，现在正忙着写论文，不要影响他。"这样一来，张佩给汪洋发了一封邮件，说是公司派她到外地出差三个月，不方便视频通话，然后就在妹妹的照料下住院治疗，其实她多希望心爱的丈夫能陪伴在身边，但一想到汪洋就快学成归来，又觉得一切等待都是值得的。

两个月之后，张佩的病情得到了控制，出院后张佩第一件事就是上网看邮件，但令她震惊的是邮箱里面静静地躺着一封邮件，汪洋只简单地写了一段话：“佩佩，感谢你一直以来对我的付出，但我已决定留在法国发展，两年的分居让我们的感情非常冷淡，这样下去不是长久之计，我们还是离婚吧，我愿意补偿你 20 万元，如果你同意，我近期将回国与你办理手续。”看到这封无情的邮件，张佩觉得整个天都塌下来了，丈夫这是怎么了？前几个月两人还在相互发邮件诉说相思之苦，还通过视频甜蜜地聊天，怎么突然就说感情冷淡呢？而之前也从没听汪洋提起过要留在法国的想法啊？况且对于丈夫的任何决定，她张佩都是支持的，就算要留在法国，也不必非得离婚啊。丈夫这是鬼迷了心窍还是怎么了？

● 只恨知人不知心

张佩当下就给大洋彼岸的汪洋打电话：“你这是怎么了？我当然不同意离婚，你有什么苦衷回来跟我说清楚。”汪洋的声音很冷：“佩佩，我知道我对不起你，但我心意已决，如果你不同意，我将向法院起诉。”说完就挂断了电话，张佩的眼泪终于掉了下来，她不明白自己做错了什么，得到这样的结果。她开始不停地给汪洋打电话，但都被转到了留言信箱，再也收不到任何回音。当天晚上，濒临崩溃的张佩哭得昏死了过去。幸好妹妹张倩及时赶来，把姐姐送到了医院。

张倩听说以后，特别气愤：“他简直不是人，这不是典型的陈世美么，这样的男人不要也罢，离就离吧！”张佩哭得更厉害了：“好妹妹，我相信你姐夫不是那种无情无义的人，他肯定有什么苦衷，你帮姐姐一个忙，帮我去法国当面问问他好么？”看着伤心欲绝的姐姐，张倩答应了。两周以后，她办好了旅游护照，踏上了飞往法国的航班。

这边张佩度日如年，她一心盼望着妹妹能给自己带回一个好消息，但一周以后妹妹回来，张佩面临的是更深的绝望。原来，汪洋两年来在法国刻苦攻读，顺利拿到了金融方面的博士学位，因为他聪明好学，获得了法国导师的喜爱，被推荐到一家著名的跨国银行工作，同时，他也获得了导师的独生女的芳心。体面的工作、丰厚的收入使他放弃了回国的想法，异国女郎热情奔放的追求也使他忘记了夫妻的情分，他认为自己应该拥有一个更加美好的人生。当他听说张佩为他患上了酒精性肝硬化时，也非常愧疚，可他对张倩说："我对不起你姐，请你帮我劝劝她，好合好散，只要她同意离，我愿意多给点钱！"

听说真相的张佩，犹如遭到晴天霹雳，她抓着张倩的手说："他怎么能这样对我？你去替我请律师，这婚我死也不离！我付出了这么多，怎么甘心啊！"这边张倩刚刚替姐姐把律师请好，这边法院的传票就到了，汪洋了解到张佩的态度后，立即回国聘请律师，并很快向法院提起了离婚诉讼。

到了开庭这天，张佩在律师和妹妹张倩的陪伴下来到法庭，她一眼就看到汪洋低头坐在原告席上，张佩心里那个恨啊，她怎么也没想到，苦苦盼了两年多没见的丈夫，这一见竟是为了离婚对簿公堂。张倩当时就嚷嚷起来了："汪洋你说，这些年，我姐供你读了研究生，还供你出去留学，辛辛苦苦打工给你挣生活费，现在得了重病你就不要她了，你还是人吗？你就不怕遭雷劈吗？"汪洋被骂得不吱声，但他的律师说："虽然被告身体不好，但是原、被告分居已满两年，符合婚姻法第三十二条判决离婚的法定条件。为了表达诚意，原告愿意在离婚后给被告30万元作补偿。"同时汪洋的律师向法庭提供了两份证据：一份是汪洋的护照，上面的出入境记录显示汪洋在2005年6月离开中国进入法国境内后，直至2008年3月回国，期间再没有在中国的出入境记录；另一份是2008年3月汪洋回国后直至开庭之前，一直在酒店公寓住宿的证明。

这两份证据的确可以证明这样一个事实，就是自2005年6月直至开庭之日的这两年多时间里，汪洋和张佩一个在国外，一个在国内，一直没有在一起生活，甚至连短暂的探亲行为都不存在。而在我国婚姻法第三十二条规定四项法定离婚条件中，就有一项是，因感情不和分居满二年的，应当认定为夫妻感情确已破裂，经调解无效的，判决离婚。这样看来，不管张佩愿不愿意，是不是法院就肯定会判决离婚呢？

不是！为什么呢？

>> 法点链接：分居判离的条件

针对这个问题，我们进行以下分析。根据我国法律规定，对于“分居判离”的认定，要符合两个条件：一是时间要达到两年，少了不行；二是必须是因为感情不和而分居。对于“分居”，老百姓往往有一种误解，以为只要“分开居住”就是“分居”。其实，分开居住只是一种现象，是什么原因使他们分开居住的呢？有的是因为客观原因，比如不在一个城市甚至不在一个国家工作与生活；有的虽然在同一个城市工作，但没有自己的房子，只好分别住在各自父母家；还有的小两口思想新潮，追求自由，平时各自过各自的，只有周末才住在一起，就是所谓的“周末夫妻”。这些都不是法律意义上的分居。法律意义上的分居，必须是因为感情不和。

那么，怎么判断分居的原因是不是感情不和呢？关键要看双方之间是不是仍有感情交流和经济往来，如果双方因客观原因分居两地，但相互之间经常采取电话、书信、上网等方式进行沟通，交流感情，彼此牵挂，那就当然不属于因感情不和而分居。就像本案中的张佩与汪洋，虽然分住两国，因经济原因他们也没有互相探望，但他们每周都通过网络视频聊天，交流感情，张佩更是月月给汪洋寄钱，保持着密切的经济往来与情感交流，说句通俗的话：这分明是典型的“牛郎织女”，是感人至深的爱情故事，怎么能说是因感情不和而分居呢?

而张佩的律师也是这么主张的，他向法庭提供了张佩和汪洋两年多来大量的电子邮件往来、越洋电话的通话记录以及两人通过网络聊天的记录。律师表示：“虽然双方两年未见，但一直不间断地通过各种方式交流感情，夫妻感情没有破裂，现张佩身患重病，需要汪洋的照顾和支持，要求法院不予离婚，维护被告的权利。”

最后，法院也认为原被告自由恋爱，婚后感情很好，现在矛盾是由于客观原因长期两地生活、交流减少所致，并非因感情不和而分居，夫妻之间应互谅互爱，相互理解，故判决驳回了原告汪洋要求离婚的诉讼请求。

拿到判决书，张佩有喜有悲，欣慰的是法律对于她的婚姻给予了一种肯定，但难过的是她根本不知道变心的丈夫何时才能回心转意。而在这时，她的病情也突然恶化，出现了昏迷现象，医生建议尽快进行肝脏移植手术，但手术费用至少需要 20 万元。张倩赶紧给汪洋打电话，但始终联系不上，她只好四处借款，好不容易先交上了 8 万元，在医院等待肝源的名单中排上了号。然而这笔巨大的开支今后从哪里来？姐妹俩商量后，又找到了律师，律师建议立即向汪洋提起诉讼，要求其履行对妻子张佩的扶养义务，即支付张佩患病以来所借的债务12万元，以及后续治疗费用和生活费32万元，共计44万元。

为了让汪洋回国应诉，张倩以姐姐的名义给姐夫发了邮件，说姐姐已经想通了，同意离婚，希望他尽快回国商谈离婚事宜。汪洋不知是计，立刻回国，第二天他就接到了法院的电话，让他去领开庭传票，当他看到起诉书的诉讼请求不是离婚而是索要扶养费时非常生气，差点和张倩吵了起来，于是发生了开头的一幕。

开庭这天，张佩因仍在住院，无法出庭，张倩作为姐姐的代理人来到法院，她声泪俱下地向法官诉说了张佩几年来的遭遇，尤其说到姐姐为了给汪洋挣生活费，每晚推销白酒，喝得不省人事，结果得了酒精性肝硬化，汪洋不但要求离婚，还在判决不离之后，对姐姐置之不理，不负担任何治疗费用和生活费用，导致姐姐生命垂危时，张倩是哭得泣不成声。同时她将医院出具的诊断证明、手术建议书、交款通知以及向他人借款的凭证，还有已经向医院缴纳的各种款项的收款发票等证据一一提交法庭。面对大量的证据，汪洋向法院表态：只要张佩同意离婚，他马上支付手术费，如果不离，他则不愿负担。

汪洋的要求对吗？身患重病的妻子不同意离婚就无权要求丈夫给付治病的费用吗？

法点链接：夫妻间的扶养义务

我们说，根据我国婚姻法第二十条规定的“夫妻有互相扶养的义务。一方不履行扶养义务时，需要扶养的一方，有要求对方付给扶养费的权利”，夫妻之间是相互负有扶养义务的，包括生活上的扶持和经济上的支持。当然，我们说夫妻间的扶养也是有条件的：需要扶养的一方，只有在年老、病残、丧失劳动能力又无其他经济来源，生活发生困难的情况才能要求对方给付扶养费；同时扶养方也要具有扶养能力这个条件，才负有相应的义务。本案中，张佩身患重病，丧失劳动能力，且无钱支付巨额手术费，在这种情况下，其在法国银行工作并拥有高收入的丈夫汪洋，理应履行扶养义务，支付相关费用。

在审理过程中，法官向汪洋解释了相关法律规定，并且告诉他，夫妻之间的扶养义务是法定的，如果不履行这种义务，造成妻子病亡，则属于情节恶劣，有可能构成遗弃罪。此时的汪洋，一方面受到良心的谴责，另一方面也摄于法律的威严，主动向法院提出愿意为重病的张佩支付手术费和生活费，至此，法院以调解结案。

拿到这笔钱后，张佩顺利地进行了肝脏移植手术，但她心灵创伤的复原还需要时间。虽然她不甘心这一千个日日夜夜所付出的一切竟换不来一个长久的婚姻，但她已经明白她与汪洋的缘分真的到了尽头，终于同意协议离婚，而汪洋也必将为他的变心承受来自道德和良心的谴责。然而，这场只有一个人付出的爱情故事，也似乎给我们讲述了这样一个道理：虽然爱情对每个女人都非常重要，但任何时候我们不能因为爱而失去了自我，失去了独立、健康和理智的人格。

情断福尔摩斯

· 关键词 ·

反侦查　跟踪　嫉妒　刺杀　劳动教养　婚纱照

在2010年4月的一个周末，广东省某市的一个公园里特别热闹，有老两口相互搀扶着散步的，也有家长带着孩子玩儿的，还有打拳的、聊天的、谈恋爱的。就在这时，人们看到一辆银色高配宝马车，缓缓停在了公园门口，下来一位四十多岁西装革履的男士和一位三十出头的漂亮女人，两人肩并肩一边说话一边往公园里边走。可说时迟那时快，一个男人突然从旁边窜出来，只见他举着一把水果刀，直冲着开宝马的男人就刺了过来，嘴里还喊着："你敢勾引我老婆，我今天就要你的命！"女人一看，高喊一句"你快跑"，一下子挡在这位"宝马男"前面，接着人们听到"哎呦"一声惨叫，这刀已经扎进了女人的右胳膊，血一下子就涌了出来，女人疼得倒在了地上。这"宝马男"反应过来，不由分说抱起女人，三步并作两步冲到公园门口，钻进自己的银色宝马，

“噌”的就开走了。而这个拿刀的男人一看也吓傻了，直到宝马车消失在他的视线中，他才回过神来，慌慌张张地逃跑了。

这惊心动魄的一幕可是把公园里的人们吓坏了，大家纷纷打电话报警，等到警察赶过来，人们围上去争先恐后地诉说自己的见闻，其中有几个了解情况的人说：“警察同志，那个女人叫丁蓓，就住在我们小区，她人很不错，怎么这么倒霉啊？”另一个也说：“那个男的好像是她老公，平时就有点神经兮兮的，怎么杀自己的老婆呢？是不是疯了？”那么如果真如两人所说，这个叫丁蓓的女人究竟和自己的丈夫发生了什么呢？是有了外遇被丈夫痛恨还是她的丈夫精神不正常呢？故事还得从头说起吧。

● 兴趣相投，侦探迷闪电成婚

丁蓓时年31岁，出生在广东一个富裕的县城里，她从北京一所重点大学毕业后，本想留在首都发展，可父母却舍不得这个独生女：“咱这小地方也不差，工作我们都给你找好了，何苦在外面受罪呢！”于是丁蓓回到家乡，在父母的安排下进了一家银行。生活是安稳了，可丁蓓总觉得自己毕竟是个出去见过世面的高材生，和周围的人总有些格格不入，尤其是父母张罗给她介绍的对象，她怎么看都不顺眼，虽然条件都不错，有的自己开工厂，有的当个一官半职，但丁蓓心高，觉得和这些土生土长的家乡人没有共同语言，她盼着能找一个和自己经历类似的男朋友。就这样转眼丁蓓就到了29岁，她的这个愿望总算实现了。

原来丁蓓上大学的时候，特别喜欢看侦探小说，回到家乡后，她每到周末就到当地的图书馆去借书，什么福尔摩斯、大侦探波罗、神探柯南，一借一大摞。这天丁蓓听说图书馆新进了一套《福尔摩斯探案全集》，急着跑来借，可管理员却说："刚被借走！"丁蓓特别失望，这时，一个小伙子走了过来，把一摞书放在了柜台上，说："书在我这儿呢，你想要哪本就先拿去看吧。"丁蓓很高兴："那就谢谢你了！我先拿几本，你给我个电话吧，我们看完了再交换！"如此一来两人就认识了。

这个小伙子叫傅超，比丁蓓小两岁，也是个侦探小说迷，而让丁蓓更惊喜的是，傅超是外地人，和自己一样是在北京上的大学，毕业时通过双向选择进了当地的一家公司。两个人可以说是一见如故，聊福尔福斯、聊北京、聊大学时代的趣事，聊对于这个县城如何发展的看法，很快他们就发展得如胶似漆了。丁蓓觉得，这个县城放眼望去，只有傅超和自己是最般配的，于是交往了半年之后，两人就火速结婚了。

结婚以后，傅超表现特别好，不但包揽了所有家务，对丁蓓更是言听计从，他总是跟妻子说："蓓蓓，我在这里没有亲人，你就是我最亲的人，我对你好，你也要对我好啊！"一开始丁蓓非常享受这种亲密无间的关系，可没多久，她就觉得有点不对劲了。

● 猜忌引祸端，丈夫险成杀人犯

为什么呢？因为丁蓓总觉得有一双眼睛在背后盯着自己。其实丁蓓是个很细心的人，她有意无意地发现自己的皮包总像是被人翻过，手机里的通话记录也总被人查看过，而且有一次她刚从浴室出来，竟然看见丈夫捧着她刚换下的衣服使劲嗅！丁蓓非常纳闷，两口子都喜欢看侦探小说，尤其傅超一口气能说出几十个探案的手法，丁蓓对此非常崇拜，可她现在怀疑丈夫是不是把这些侦探手法用在了自己身上？！

丁蓓猜对了！别看傅超对妻子百依百顺，但他内心深处有种强烈的自卑和不安全感，而且对妻子的控制欲极强，总想掌握漂亮老婆的一切行踪，所以他从一结婚就悄悄地运用一切智慧暗中探查妻子。

可是傅超会侦查，丁蓓就会反侦查。她开始清除自己的短信和通话记录，重要物品放到抽屉里上锁，这样一来傅超的疑心就更重了。这天他终于绷不住了，直接问了一句："你和那个叫胡伟的是什么关系？"当下丁蓓就火了："你什么意思？把侦探这套用在我身上？你把我当成什么人了？我不想解释，你有能耐自己查去！"

原来傅超在长期的侦查当中，发现妻子和一个叫胡伟的人联系密切，尤其是前段时间，两人在周末还会频繁发短信，可妻子说不想解释。傅超觉得这分明是心里有鬼啊，第二天他就更认真地查了起来，这才知道：这个胡伟是当地一家网络公司的老总，去年刚刚离婚，因为经常到银行办理业务，跟信贷部的丁蓓熟悉起来，胡伟经常开车到银行接丁蓓下班，一起吃饭，这不明摆着勾引自己的女人吗？这还得了！傅超当下就火冒三丈："你是我老婆，以后我不准你跟这个不安好心的色狼见面！"没想到丁蓓当场回绝说："胡伟是我的重要客户，我得罪不起，再说了，我有我的自由，你管不着！"说完就一摔门进卧室了。

傅超在客厅里越想越生气，丁蓓如此理直气壮，难道是看上了那个胡伟有钱，变心了？不行，自己说什么也不能再让他们来往了。而此时里屋的丁蓓心里也很矛盾，因为胡伟正好约了她在附近的公园见面，说实话丁蓓也知道胡伟对自己有好感，但他每次和自己吃饭也就只谈工作，并没有出格的举动，不去吧也不好，去吧又怕傅超多心，左思右想，她决定第二天如期赴约，但要跟胡伟说说清楚，减少来往。可没想到，第二天傅超看到妻子出门，料到她是去见胡伟，就去厨房拿了一把水果刀，一路上跟着，当他看到两人竟然有兴致逛公园时，他血就往脑门上冲，举着刀直冲上去刺向胡伟，没想到一刀刺中了挡上来的丁蓓，这就是开头看到的一幕。

警方根据周围群众的描述，了解到丁蓓的伤势并不严重，加上受害人并未报案，行踪也不明确，没有对此事立案处理。傅超看到这一刀竟然刺中了妻子，起初非常慌乱和心疼，但想到老婆竟然连命都不顾，替那个胡伟挡刀，他就彻底愤怒了，心想：他们的关系都到了什么地步了！不行，我一定得拆散他们，把老婆抢回来！他随即来到县人民医院的急诊室，丁蓓刚刚缝完针，正在输液。傅超劈头盖脸就问："那个姓胡的哪儿去了，我跟他的账还没算完呢！"丁蓓挣扎着说："他不在这儿！你别乱来！"说完这句，丁蓓赶紧在旁边的护士耳边小声说了几句，护士听完就往外走。原来胡伟就在旁边买药付费，丁蓓知道丈夫还要找事，就让护士通知胡伟赶紧离开医院躲一躲。可这傅超急了，一把抓住护士："我老婆跟你说什么了？你们把那个野男人藏哪儿去了？快把他交出来！"护士吓坏了，尖叫起来："你干什么？变态吧！"傅超狠狠地说："对，我就变态！快把姓胡的交出来！"说着就把输液室里的两个铁架子推倒了，周围的病人、医生、护士都吓坏了，一起大喊："保安，保安！"两个保安赶过来后才算把傅超给"请"出去了。

这天傅超没在医院里找着胡伟，去胡伟的公司又没开门，只好回家等老婆回来。但让他想不到的是，一直等到半夜，丁蓓都没有回来，傅超开始着急了，他冲到医院，可院方说丁蓓输了几瓶液就走了，去丁蓓的娘家，可丁蓓的父母说："你都要杀人了，我们还敢让女儿跟着你吗？你再来我们就报警！"傅超没办法，回到家，他一夜没睡，认为事到如今全是这个胡伟的错。其实他也意识到自己今天动刀的确太危险了，以后绝不能干这种铤而走险的事，但是这个胡伟可不能让他好过，非得想办法治治他，让他以后不敢再来找丁蓓。

于是，接下来的一个月，傅超开始不断地骚扰胡伟：他三番五次到傅超的公司门口闹事，看见有客户来，他就上去拦人家的车，抢人家手里的东西，弄得胡伟不得不多请了几个保安防着他。他还查出胡伟有个正在上小学的儿子，就经常到学校门口等着，吓得胡伟赶紧给儿子转了学。更有一次，胡伟的公司在县城的中心广场上赞助搞活动，傅超出现了，硬是和一个嘉宾抢座位，嘉宾不让，他就上去打人，打完又横冲直撞，把花篮、音箱、嘉宾席的椅子等都推倒、砸烂，引起现场一片骚动，吓得来宾和围观的群众纷纷逃散，这一次胡伟不得不选择了报警。

警察把傅超带回派出所，告诉他："你把人打成了轻微伤，还砸坏了人家几万元的东西，已经涉嫌犯罪了，你知道吗？"傅超一脸困惑："打了人，砸了东西，赔点钱就得了，怎么还犯罪了？"警察说："你涉嫌的是寻衅滋事罪，懂吗？！"

》法点链接：寻衅滋事罪

根据我国刑法第二百九十三条规定："有下列寻衅滋事行为之一，破坏社会秩序的，处五年以下有期徒刑、拘役或者管制：（一）随意殴打他人，情节恶劣的；（二）追逐、拦截、辱骂、恐吓他人，情节恶劣的；（三）强拿硬要或者任意损毁、占用公私财物，情节严重的；（四）在公共场所起哄闹事，造成公共秩序严重混乱的。"其实用最通俗的说法，寻衅滋事就是为了寻求刺激或者报复他人等故意地找事、找碴，比如随意打人、抢砸东西、起哄闹事等。有人认为这没什么，其实这是一种违法行为，如果情节恶劣或者情节严重或者造成公共秩序严重混乱的，就还可能构成犯罪。

本案中，傅超因为怀疑他人与妻子有不正常的关系，在公园、医院、学校、广场等公共场所持刀行凶，起哄闹事，殴打他人，打砸财物，公安机关认为他的行为构成了寻衅滋事罪，将他移送到了检察院。但检察院经过审查，认为其情节轻微尚不构成犯罪，遂作出不批准逮捕决定。但当地公安局认为傅超多次寻衅滋事，造成了恶劣影响，应该对其行为予以惩戒，遂上报当地劳动教养管理委员会，后傅超因寻衅滋事被处以劳动教养一年的处罚。

● 婚纱照，竟成离婚拦路石

傅超怎么也没有想到，不仅没有整倒情敌胡伟，反倒把自己给整进了劳教所，他感到追悔莫及。他唯一感到安慰的是妻子丁蓓通知了远在老家的父母，三人一起来看望他，而丁蓓还给他带了几本他喜欢的侦探小说，见面时，傅超反复请求丁蓓的原谅，可丁蓓什么也没说，只是一个劲地哭。不到一个月丁蓓又来了，傅超高兴极了，心说老婆肯定是原谅了自己，可没想到丁蓓第一句话就是："我想了很久，决定和你离婚！希望你能够同意！"傅超一听当时就懵了，喊了起来："想跟我离婚再跟那个浑蛋结婚吧？你想得美！我不可能成全你们！"丁蓓又气又急："你怎么还胡说八道，我和胡总是清白的！你不同意也没关系，我会到法院起诉你的！"一听这话，傅超没有急脾气地跳起来，反而是冷静地想了几分钟，随后斩钉截铁地说："好啊！你要是不怕那些婚纱照曝光，你就去起诉吧！"这下，轮到丁蓓一脸惨白。婚纱照曝光有什么可怕的呢？傅超为什么拿这个威胁丁蓓呢？

原来，丁蓓和傅超当初结婚的时候正流行拍一种特殊的婚纱照——裸体婚纱照，这两个人都是从大城市回来的，思想比较新潮，被摄影师一撺掇就拍了一套，当时有大小两本册子，还有一张光盘，一直放在抽屉里。听傅超这么一说，丁蓓吓得赶紧回家找，可怕的是她只找到了那两本册子，怎么也找不着光盘了，想想，肯定是被傅超给藏起来了。如果傅超出来之后把这些私密的婚纱照散布出去，影响肯定不好，就算离婚恐怕也没有男人敢向她示好了！想来想去，丁蓓决定去向律师求助。

律师一听来龙去脉，分析说："这样吧，傅超目前在劳教所里是没办法公布那些照片的，你可以立即向法院提出离婚诉讼，在分割财产的过程中，我们争取说服法院要求他交出婚纱照的光盘。"丁蓓一听也只好这样了，于是委托律师将傅超告上了法庭。

可傅超还在劳教所里呢，根本出不来，这离婚官司怎么打啊？

根据民事诉讼法第二十三条规定："下列民事诉讼，由原告住所地人民法院管辖；原告住所地与经常居住地不一致的，由原告经常居住地人民法院管辖：……（三）对被劳动教养的人提起的诉讼；……"所以丁蓓可以向她自己住所地的法院起诉，法院审理后，会安排经办法官去傅超所在的劳教所开庭。

很快，法院就在劳教所安排开庭了，丁蓓的观点非常明确："首先，傅超在坐牢，我不愿意和一个罪犯再保持婚姻关系，而且他的所作所为不但伤害了我的身体，也伤害了我的感情，我觉得人身安全没有保障，法官您看，我缝了九针，这伤疤不知道什么时候才能好呢。其次，他威胁我，说如果我坚持离婚就把我们拍的裸体婚纱照拿去曝光，他这样对我，我怎么可能再和他过呢！所以我请求法院让他把光盘交出来，不然以他的性格，出来肯定得报复我啊。"傅超激动地说："谁说我是罪犯，我这是劳动教养，不是坐牢！你这么嫌弃我，我就偏不同意离婚！再说了，就算要离，光盘我凭什么给你？当时我是说气话，我不会公布出去的，我知道那是犯法，但那可是婚纱照，我也要留下来作纪念呢！"

那么，谁说得更在理呢？法院是否会因为傅超在劳动教养就判决二人离婚呢？婚纱照的光盘又会怎么处理呢？

法点链接：判决离婚的法定标准

首先有一点傅超说得是对的：劳动教养并不是刑事处罚，从有利于改造的角度出发，法律没有规定一方处以劳动教养属于离婚的法定条件，判离还是不判离，其法定标准还是要看双方夫妻感情是否确已破裂。而根据《最高人民法院关于人民法院审理离婚案件如何认定夫妻感情确已破裂的若干具体意见》第十一条的规定，"一方被依法判处长期徒刑，或其违法、犯罪行为严重伤害夫妻感情的"属于夫妻感情确已破裂。像本案中傅超对妻子丁蓓严密监视、跟踪盯梢，甚至因为怀疑妻子与他人有染，刺伤妻子，继而几次寻衅滋事，破坏社会秩序，其行为虽然没有构成犯罪，但属于违法行为。这些行为严重侵犯了丁蓓的人身自由，干扰了她的社交生活，显然也严重地伤害了傅超与丁蓓之间的夫妻感情，属于夫妻感情确已破裂，在调解无效的情况下，是可以判离的。

但是，如果判决离婚，这张婚纱照光盘又该如何处理呢？如果我们仅仅从这张光盘的物质性本身来说，它有价值和使用价值，算是一项财产，那么应该说它属于夫妻共同财产。但问题是这张光盘不是普通的光盘，它承载的内容非常特殊，涉及夫妻双方的极为私密的个人隐私，有鉴于傅超之前的言行，丁蓓的顾虑是合情合理的，于是法官努力做起了傅超的思想工作，想说服他同意调解离婚，并把光盘交给丁蓓。

而此时的傅超看到丁蓓态度如此坚决，也有点心灰意冷，可他又提出来："离婚可以，光盘不能交给她，那上面也有我的隐私啊，她要散布出去，也会影响我的名誉啊，我只同意交给法院！"法官在充分听取双方意见后，提出了这样的方案：光盘交出后在法官的主持下当场销毁。这下子，傅超没意见了，只好说出了光盘被自己锁在了图书馆的一个柜子里，最终丁蓓和傅超达成调解，离了婚，光盘也被销毁。

离婚以后的丁蓓并没有和胡伟走到一起，她还是会常常想起曾经让她觉得无比幸福的傅超。而劳教中的傅超想必也在不断反省和悔恨着自己的所作所为。爱一个人没有错，错的往往是爱她的方式，其实生活中还有许多像傅超一样的人，他们会像歌词中唱到的那样"为爱痴狂"。但笔者真的很想送给"傅超"们一句话：好的爱情使你透过一个人看到世界，坏的爱情使你为了一个人舍弃世界，这里的"坏"指的是"狭隘"，希望每个人都拥有一段好的爱情。

逃婚背后的秘密

·关键词·

继母　不生育承诺　无效遗嘱　黄金生育期　子女监护权

在2010年5月的一天，江西省某市的一家四星级大酒店特别热闹，这里正在举行一场婚礼，可奇怪的是几十桌宾客已经入席了，菜也都上桌了，这新娘子却是迟迟没有出现。新郎官穿着一身白西服，正在酒店门口焦急地走来走去，新娘的爸妈也是急得不得了，小声嘀咕："这孩子是去哪儿了？客人可全来了，千万别闹什么笑话啊！"就在这个时候，新郎官的手机响了，电话那头传来的正是新娘子那熟悉而温柔的声音，可是新娘子说的这句话却让他的脸色立刻变得煞白。新娘说了什么呢？谁能想到就在这婚礼马上要开始的时候，新娘居然说："对不起，我不能嫁给你，你赶紧把婚礼取消吧！"

结婚可不是儿戏，怎么能说变卦就变卦呢？这个新娘子究竟又为什么要临时逃婚？难道这场盛大的婚礼背后只是一场精心策划的骗局？这一切到底怎么回事呢？

听到新娘的这句话，新郎官脑袋里顿时一片空白，好半天才反应过来，他赶紧给新娘打电话，谁知手机竟然关机了。于是，他匆匆忙忙和司仪交代了几句就冲出门，打了一辆车，向新娘家赶去。这个婚礼当天却丢了新娘的新郎官叫周铭，他是当地一家酒店的人事部经理，本来今天对他来说是特别喜庆的，因为他的新娘白薇，可是他历尽千辛万苦才追来的。和白薇第一次相遇的情景他还历历在目，在车上，周铭忍不住回忆起来。

● 爱上有故事的女人

那是三年前的一天，周铭所在的酒店为了接待外宾，要给员工定做一批有中国特色的制服。周铭就找到了当地做制服挺有名气的一家服装厂。只见厂长办公室里坐着一个长得很清秀的年轻女人，这是厂长秘书吧，周铭心里这样想着，于是就问："请问你们厂长在吗？我想跟他谈谈加工制服的事。"女人抬头一笑："我就是厂长，您就叫我白薇吧。"周铭特别惊讶，这家知名服装厂的厂长竟然是一个这么年轻的女人，他半信半疑地下了订单，要求一个月交货，可出人意料的是，十天以后白薇就把200套制服送到了周铭的手里，做工非常精致。白薇说："我想早点让你们的员工穿上新制服，这是加班加点赶出来的。"说来也巧，这批外国来宾提前到了，当天晚上接待的酒店员工就都穿着这套新制服，效果特别好。周铭得到了表扬，兴奋地打电话给白薇要请她吃饭表示感谢，没想到白薇的态度突然变了，语气冷冰冰的："我们只是工作关系，吃饭就不必了。"周铭心想，一定是自己太唐突了，让人家感觉心怀不轨。可是没想到第二天白薇却主动打来电话，态度来了个180度的转变：“对不起，昨天我心情不太好，要不今天我请你吃饭吧！”

从这以后，周铭和白薇的关系越来越密切了，周铭毫不掩饰自己对白薇的好感，但白薇的态度就让人难以琢磨了，似乎是摇摆不定，若即若离的。平时有说有笑有来有往，可只要周铭一张口表白自己的爱意，白薇马上就像变了个人儿似的，立刻拂袖而去。这一拖就是半年，周铭实在受不了这种折磨了，这天，周铭多喝了几杯，就壮着胆子来找白薇：“咱们把话说清楚，我对你可是一心一意，你要是不喜欢我，今天就给个明话，我以后绝不纠缠你。”白薇愣了几秒钟，眼泪吧嗒吧嗒地往下掉：“我不是不喜欢你，我是有苦衷的。”周铭一看白薇哭了，酒醒了大半：“哎呀，你别哭啊！有话直说，不管什么苦衷，我都能够接受。”白薇这才抽抽搭搭地说出了自己的一段刻骨铭心的爱情，不光如此，她竟然已经结了婚，还有了一个8岁的女儿。

原来白薇22岁那年，从乡下来城里打工，在一个裁缝铺学徒，老板郑鑫对她很不错，郑鑫年近三十离了婚，还带着一个刚刚一岁多的女孩，白薇看他一个人挺不容易，就经常帮着带孩子，日子一长，两个人就有了感情。两年后，白薇嫁给了郑鑫。婚后两人共同创业，郑鑫有手艺，白薇有头脑，短短三年，他们就把一个小裁缝铺经营成了一个服装加工厂，还买了房子，存了不少积蓄。可是不幸却悄悄降临了：郑鑫被诊断患有胃癌，没有撑过一年就撒手走了，把7岁的女儿小芸扔给了白薇。别人给她介绍对象，一听说她带着个小孩，都打了退堂鼓。白薇是怕周铭和其他人一样接受不了她的女儿，所以总想拒绝他。

周铭一听，这才明白年纪轻轻的白薇为什么眼神中总透出一种沧桑和忧郁，白薇的这种善良和坚强，更加深了周铭对她的爱，他一把抓住了白薇的手："以后就让我来照顾你和小芸吧！"两个有情人终于紧紧地拥抱在一起。可虽说白薇接受了周铭，但面对他的求婚，却迟迟不肯点头，周铭却很执著，两年来一直关心照顾白薇母女，直到不久前，白薇终于同意了他的求婚。周铭简直乐疯了，可让他怎么也没想到的是：就在婚礼的当天，白薇竟然临时反悔，非但没有出现，还说自己不能嫁给他，做了一把不折不扣的逃跑新娘。

● 女儿被夺，真相呼之欲出

周铭想到这里，车也已经到了白薇家楼下，但跑上去以后根本就没见白薇的影子，他又赶紧给服装厂打了电话，员工也说今天厂长没来，心急如焚的周铭打遍了所有亲戚朋友的电话，可是没有一个人知道白薇的去向。难道白薇出事了？周铭不敢再往下想，就直奔白薇的女儿小芸所在的学校，可是小芸的班主任却告诉了他一个令他震惊的消息："小芸早自习的时候就被她奶奶接走了。后来她妈妈打了个电话过来，一听我这么说，就急忙挂了电话。"周铭彻底被弄糊涂了：不仅白薇失踪了，现在竟连小芸也不见了。而且这小芸的奶奶是谁呀？周铭想了半天，记起来白薇曾经说过，郑鑫还有一个老母亲在浙江老家，难道是郑鑫的母亲把小芸带走了？可是老人家为什么要这样做呢？而白薇又去了哪里呢？周铭决定先去找小芸，于是他带着满肚子的疑惑，赶到了郑鑫老家的小县城，挨家挨户地询问，终于找到郑鑫家的地址。

周铭猜得没错，当他赶到了周家，果然在院子里面看见了小芸，周铭着急地问："快告诉叔叔，妈妈在哪里？"小芸却把头一低："妈妈说，以后都不见你了，因为我才 10 岁，所以她不能给你生弟弟妹妹。”周铭听了心里吃了一惊：这话是什么意思？难道白薇没有生育能力？也许孩子这句不经意的话正是白薇逃婚的真正原因！

周铭正琢磨着，突然听到不远处传来一阵激烈的争吵声，走过去一看，有两个女人在那儿拉拉扯扯，一个是六十多岁的老太太，另一个不就是自己焦急寻找的未婚妻白薇嘛！白薇哭着哀求老太太：“求求你把小芸还给我吧！这婚我不结了，钱我也不要了，我只要我的女儿啊！”老太太却骂骂咧咧：“你也太没良心了，我儿子对你那么好，给你留下了这么多钱，你还要这样对他，你不配做小芸的妈妈。”说完一把将白薇推倒在地上，周铭赶紧冲过去扶起了白薇：“有话好好说，你这是干什么？”老太太一看周铭更生气了：“哟，你还带了个奸夫来示威啊，你们快走，不然我就叫人了！”说完她竟然真的扯着嗓子喊了起来：“大伙快来看啊，他们竟然欺负我一个活不了几天的老太太！”这一来，周围的街坊邻居都围了上来。周铭一看这架势赶紧把白薇给劝走了。

● 逃婚背后的真正隐情

一路上，白薇的眼泪就没断过，嘴里还不停地说：“这婚我不结了还不行吗？”直到天黑，她才平静下来，断断续续地说出了一个埋藏在她心里多年的秘密。直到此时周铭才明白了白薇一直以来拒绝自己的真正原因。

原来郑鑫临死之前把白薇叫到了床边：“我知道你是个好女人，一定会帮我把小芸带大的，可是我还有一件事求你，你一定要答应我。”白薇哭得都要断气了：“你说吧，只要我能办到的就一定答应。”郑鑫哆哆嗦嗦地从身上掏出了一张纸：“这是我写的遗嘱，要是你能答应我，我死也瞑目了。”白薇接过一看，上面一共两条：“一、我去世后，我名下的服装厂由我妻白薇继承，我名下的住房由我女儿小芸继承，我名下存款60万元，由我母亲李芬、妻子白薇和女儿小芸各继承20万元。但是，白薇必须履行照顾抚养我女儿小芸的义务。白薇可以再婚，但在小芸未满18岁以前，白薇不能生育小孩。白薇只有尽了上述义务及遵守上述约定，方可实现上述继承权，否则丧失继承权。二、在白薇继承权未实现前，户名为郑鑫的服装厂房和住房的房屋产权证由母亲李芬代为保管，白薇和小芸应得的遗产存款40万元也由母亲李芬代为保管。小芸生活费及教育所需开支由母亲李芬按时支付，并在小芸应得的遗产中扣除。”下面是郑鑫的签名和日期。

这薄薄的一张纸上，有一句话在白薇眼中无限地放大：“在小芸未满18岁前，白薇不能生育小孩。”她感到震惊，也感到悲哀，但是面对着只剩一口气的郑鑫，她又能说什么呢？一方面，她不想让丈夫带着遗憾离开人世；另一方面，她也来不及考虑郑鑫去世后自己该怎么过。尽管这样的要求很自私，但丈夫的心意她能理解，他是希望白薇能把自己唯一的女儿养大成人。这时的白薇唯一能做的就是含着眼泪点了点头。

三天以后郑鑫去世了，白薇悲痛欲绝。从那以后，她把所有的精力都投在了服装厂的生意和女儿的身上。她心里很清楚没有一个男人会允许自己的妻子十年后再生育，所以她把一个个优秀的男士都拒之门外。如果不是遇到了周铭，可能她就会和小芸相依为命走完自己的这一生。是周铭三年来的那种执著、对自己的爱和对小芸的好，让她的心慢慢融化了。她终于下定决心要摆脱这份遗嘱的束缚，和周铭结婚。于是她找到了郑鑫的母亲李芬：“妈，我和周铭结婚以后，会孝顺您，也会把小芸带大，但是我一定要给周铭生一个孩子，请您理解我。”李芬能同意吗？作为一个失去儿子的母亲，她最大的心愿就是儿子的遗愿能够得到实现，儿子要求白薇不能在小芸 18 岁前生育，就是怕她有了自己的孩子后就没那么疼小芸了，既然当初答应了，就要守信用啊！所以李芬当场变了脸。白薇只好说：“20 万元我不要了，我只希望能够继续经营服装厂，那是我和郑鑫的心血！”白薇扔下这句话就走了。但她怎么也没想到李芬会做得那么绝，婚礼当天，白薇在来酒店的路上总觉得不对劲，就打了一个电话到小芸的学校去，她的预感还真灵，老师告诉她小芸刚刚被奶奶接走。于是她想也没想掉头到了火车站，直奔郑鑫老家。可是求了老太太好几天，李芬就是不同意让她带走小芸。

周铭终于弄清了白薇逃婚背后的隐情：“你怎么这么傻呀，你知不知道这份遗嘱不公平也不合法。小芸的奶奶根本就没有权利这么做，我们应该到法院去告她，让她把孩子还给我们，钱你也应该要回来。”白薇回想三年来自己被这一张沉重的遗嘱压得喘不过气来，甚至打算放弃爱情和婚姻，却从没有怀疑过这份遗嘱的效力，也从没想过通过法律途径为自己讨个公道，听了周铭的话，她这才醒悟过来。很快，她就以自己和继女小芸的名义把李芬告上了法庭。

在法庭上，原告白薇说：“法官，这份遗嘱说如果我在小芸 18 岁前生育，就得不到一分钱遗产，这太不公平了；而且还不让我替小芸保管财产，现在是我抚养小芸，不让我管，我拿什么养啊。”李芬也是理直气壮：“我儿子把大部分财产都给了白薇，只要求她好好照顾小芸，她要是有了自己的孩子，还能对小芸这么亲吗，这么写哪里有错？错的是她，既然她不遵守遗嘱，不让她继承财产也是天经地义！”接下来的法庭辩论，双方律师也是针锋相对。

白薇的律师说：“一份有效的遗嘱必须具备法定条件，不光形式要合法，内容也要合法。可是郑鑫的这份遗嘱虽然表面符合形式要件，但它的内容却存在严重问题：第一，处分了他与原告的夫妻共同财产，服装厂、住房、60万元存款都是夫妻共同财产，有一半属于原告所有，他却在遗嘱中全部作了处分，这部分是无效的；第二，郑鑫在遗嘱里要求原告只有在小芸18岁前不生育才能获得遗产，这限制了原告的生育权，因为小芸18岁时，原告已经40岁，这会导致原告丧失生育的黄金时间，违反了妇女权益保障法的规定，也是无效的；第三，遗嘱指定由李芬保管小芸的房产证和20万元存款，这与法律规定的监护人职责不符，剥夺了原告作为其继女监护人为其保管财产的权利。”

李芬的律师马上反驳：“本案遗嘱只是部分无效，即郑鑫处分了原告的夫妻共同财产那部分无效。其他部分是有效的，因为本案遗嘱很特殊，是一个附义务的遗嘱，根据继承法第二十一条的规定：‘遗嘱继承或者遗赠附有义务的，继承人或者受遗赠人应当履行义务。没有正当理由不履行义务的，经有关单位或者个人请求，人民法院可以取消他接受遗产的权利。’国家之所以这么规定，就是因为既然继承人接受了被继承人的遗产，就应该尊重和执行被继承人的临终遗愿。而且，郑鑫要求白薇在继女小芸年满18岁之前不得生育，这个义务也没有违反法律规定，并没有剥夺原告的生育权，只是在生育的时间上作了一定的限制而已。所以是有效的。”

那么，郑鑫的遗嘱究竟有没有效力呢？要求白薇在小芸18岁前不能生育又有没有违反法律规定呢？

>> 法点链接：遗嘱的效力

一份遗嘱有效应该具备以下五个条件：遗嘱人必须要有完全民

事行为能力；遗嘱人所立的遗嘱必须是其真实意思表示；遗嘱必须符合特定的形式；遗嘱人对遗嘱所处分的财产必须有处分权；遗嘱的内容必须合法。看看郑鑫这份遗嘱，前三个条件都符合了，第四个条件就有问题了，因为继承法第十六条明确规定：“公民可以依据本法规定立遗嘱处分个人财产……”也就是不能处分别人的财产，实践中出现最多的就是死者处分了夫妻共同财产——本案中根据现有的证据，服装厂、住房、60万元存款都是郑鑫和原告婚后形成的，属于夫妻共同财产，郑鑫对于本应属于白薇的那一半，是无权处分的，这部分是无效的。

第五个条件也有问题，法律虽然规定了遗嘱可以是附义务的，但是遗嘱中所附的必须是合法有效的义务。《中华人民共和国妇女权益保障法》第五十一条第一款规定：“妇女有按照国家规定生育子女的权利，也有不生育的自由。”这种权利是任何人都不能剥夺、干涉和限制的，即使是对生育的时间作了限制性干涉，也是不合法的，只要不违反计划生育政策，就意味着妇女有对生育时间的自由选择权。郑鑫的限制会导致白薇无法在生育最佳时间段生育，高龄产妇对大人和孩子都可能存在危险，甚至可能会造成无法生育的恶劣后果。所以毫无疑问，郑鑫遗嘱所附的这个义务严重损害了白薇的权益，违反了国家法律。由于郑鑫所立的这份遗嘱不能同时满足遗嘱有效的五个要件，因而是无效的。所以，法院支持原告的主张，对财产部分作了如下判决：一、遗嘱中所列财产系郑鑫与原告白薇的夫妻共同财产，一半归原告所有；二、服装厂资产、住房产权、60万元存款各一半属于郑鑫的遗产，由原告白薇、被告李芬和郑鑫的女儿小芸按法定继承程序继承，各占份额三分之一。

》法点链接：子女监护权

财产部分已经清楚，接下来就是小芸的监护权问题。由于子女未成年，所以需要监护人对有关子女权益的问题进行决策并在生活上对其进行照料，子女监护权指的就是法定监护权和生活监护权。我国婚姻法第二十七条规定：“继父或继母和受其抚养教育的继子女间的权利和义务，适用本法对父母子女关系的有关规定。”自从白薇和郑鑫结婚后，继女小芸就一直由白薇抚养教育，其权利义务完全等同于亲生母亲，所以当然享有女儿的监护权。而且小芸由白薇抚养，更有利于其健康成长。因为孩子要的不仅是爱，更是一份完整的爱，有父母共同关爱的家庭，才是最好的成长环境。

另外，我国法律规定了监护人的监护职责，其中一项便是：管理和保护被监护人的财产。小芸所继承的遗产，如果由李芬保管，不便于白薇履行监护人职责。所以，从保护孩子的利益出发，法院判决小芸由白薇抚养，其财产也转由白薇保管。

判决之后，李芬没有上诉，她似乎也理解了白薇的苦衷。而周铭与白薇又重新举办了婚礼，他们还特意请李芬来参加，这一对有情人终于喜结良缘。回首本案，作为长辈的李芬之所以一再为难白薇，是因为她对儿子的那份母爱，但我们应该明白，孕育是上天赐予给女性最好的礼物，任何私心的阻碍都将不堪一击。而白薇之所以对心爱的男人一再欺骗，也是源于对一个自私要求的愚蠢信守，其实困住这个逃跑新娘的并不是那份遗嘱，而是她自己封闭的内心！有时候，走出来，只是一念之间。

危险的复婚

·关键词·

跳楼自杀　下岗创业　复婚　夫妻财产制度　争夺股权

在2011年的元旦这天，辽宁省某市的一个五星级酒店里，正在举行一场隆重的婚礼。只见这新郎官牵着年轻漂亮的新娘子在婚礼进行曲的伴奏下慢慢地走过红毯，来到台前，他拿起麦克风激动地说："小霞是我生命中最重要的人，能够娶到她是我这辈子最大的福气……"可就在这时，突然台下响起一声大喊："不好了，要出人命了！"只见一个十几岁的男孩冲上台拉着新郎官就往外跑，嘴里还说着："我妈要跳楼，赶紧去救她！"这下子，台下的宾客一阵骚动，有些好奇的也就跟着他们冲了出去。大家在男孩的带领下，来到了酒店20层的2006房间门口，一眼就看到房间的窗台上坐着一个四十多岁的女人，看见新郎官，她声嘶力竭地喊了起来："田志朋，你总算来了！你这个没良心的东西，我跟你过了这么多年，还给你生了孩子，你现在却要抛下我们母子跟别人结婚，这让我怎么活啊！”大伙儿一听，齐刷刷地把目光转向了新郎官，可新郎官看上去却很生气：“高小凤，你胡说！当年是你赶我走的，我现在为什么不能跟别人结婚？”

这样一来，跟来的宾客们是彻底被搞糊涂了，心说，这两人到底是什么关系？到底是眼前这个衣冠楚楚的新郎喜新厌旧、抛妻弃子，还是这个要跳楼的女人胡搅蛮缠、无理取闹呢？

● **事业中落，遭妻扫地出门**

这个叫做田志朋的新郎官和这个叫做高小凤的跳楼女子原本还真是一对夫妻。两人在 15 年前结的婚，现有一个 13 岁的儿子田海。这两口子工作能力都很强，田志朋是一家大公司的财务经理，高小凤是一家国企的办公室主任，儿子也是聪明活泼，所以这一家人整天是欢声笑语、幸福美满，还被居委会评为“五好家庭”。

可是没想到就在田海 8 岁这年，这个让人羡慕的五好家庭却出现了重大的变故。原来田志朋所在的公司突然倒闭了，田志朋下岗了。当时他已经 35 岁，想再找一份待遇不错又有前途的工作并不容易，个性要强的田志朋又不肯随便找个地方凑合，就这么高不成低不就地在家里待了大半年。这样一来，妻子高小凤看不下去了：“你一个大男人，整天在家里待着不嫌臊啊。这样吧，我有个朋友说他们公司缺个做业务的，我已经跟她打过招呼，你明天就去看看吧，总不能让我养你一辈子吧。”田志朋心里挺憋屈，从前是堂堂的财务经理，现在居然让老婆替自己张罗工作，所以就是再不想去，他嘴上也不敢说什么，于是第二天一大早夹着公文包就出去了。高小凤看到丈夫从这天起每天都是早出晚归，心里也算踏实了，可没想到三个月之后，一个意外的发现竟然让这段婚姻走到了尽头。

这天中午，高小凤抽空和一个外地来的朋友见面，刚进一家茶馆，突然看到老公田志朋一个人坐在那儿，田志朋看见老婆赶紧打招呼："真巧啊！我刚谈完一个客户，这就走这就走！"说完慌慌张张就走了。高小凤一看，丈夫的桌子上只有一杯茶，如果是和客户见面，怎么只有一杯呢？顿时起了疑心。第二天，她溜出来悄悄来到茶馆，果然看到田志朋仍然一个人坐在昨天的位置上若有所思，把茶馆老板叫出来一问："这位田先生每天都来，五元一杯绿茶，一坐一天。"高小凤勃然大怒，冲进茶馆，不由分说揪着田志朋给拖回了家。

原来，田志朋压根儿就没去上班，他看到几个大学同学自己开公司做得很不错，也动了创业的心思，就决定每天在茶馆里泡着，一来可以逃避妻子的质问，一来茶馆里总有生意人来谈事，充满商机，田志朋琢磨着没准儿能逮着合适的创业项目，可没想到竟然被老婆发现了，于是赶紧解释。可高小凤一听"创业"两个字就跳起来了："给你找正经工作你不干，说什么创业？你有多少钱能去创业？就你那点本事，赔了怎么办？让我和孩子喝西北风去啊？你要没能力养家糊口你直说，别拿创业蒙我！"这天两人吵得是天翻地覆，一个月后，高小凤拿出了一纸离婚协议："你要创业我不拦着你，可你别连累了我们娘俩，离婚吧，房子、20万存款还有孩子都归我，你净身出户吧。"此时的田志朋非常难过，他痛恨自己没出息，妻子看不起他也是应该的，于是只好在离婚协议上签了字，办理了离婚手续。从家里搬走的那一天，田海是哇哇直哭，死活不让爸爸走，田志朋一阵辛酸，说："小海啊，听妈妈的话，等爸爸有钱了，一定回来找你们。"

● 以死相逼，前妻因财求复婚

田志朋走了，而高小凤则开始寻找自己的新生活，周围人给她介绍了不少不错的对象，可她挑来挑去，总觉得这个有孩子、那个太现实，转眼四年过去了，还是没有找到合适的。夜深人静之时，她也会想起前夫田志朋，想着要是没离婚身边总还有个人疼，但每当这时，她又总是告诉自己，留在那个没出息的男人身边，迟早被他拖累，既然离了就没什么好后悔的。可是没想到，高小凤很快就发现当初和田志朋离婚实在是大错特错了。怎么回事呢？

原来，这天高小凤正在厨房做饭，儿子小海在外面高喊了一声："妈，快过来看啊！我爸上电视了。"高小凤出来一看，果然，电视里那个正在接受采访的风度翩翩的四十多岁的男人不正是自己的前夫田志朋么？只见主持人问道："田总，我听说四年前您也是个下岗工人，您能给观众们讲讲您是怎样打造了今天的财富和地位么？"镜头前的田志朋是侃侃而谈："第一，我要感谢我家附近的那个小茶馆，就是在那里我做好了计划、找对了项目；第二，我要感谢一个人，是她给了我创业的勇气，没有她的支持和鼓励，我不可能坚持下去！"说到这儿，镜头移到了坐在田志朋身边的一个女人身上，三十多岁，长得很秀气。高小凤一看，倒吸了一口冷气。主持人继续问道："田总，您要感谢的人就是您身旁的吴霞女士吧？听说您今天有份特殊的礼物要送给她？"田志朋脸微微一红："是的，公司成立到现在，我们经历了太多磨难，但吴霞始终陪伴在我的身边，今天我想借这个机会，向我心爱的女人求婚。"说罢田志朋竟然捧出钻戒单膝跪地。"太浪漫了！"主持人尖叫起来，台下也是掌声雷动。而电视机前的高小凤却再也看不下去了。

原来，离婚后的田志朋认识了也有创业想法的吴霞，两人一拍即合，因为没有资金，吴霞从家里借出50万元，两个人风雨同舟，共同奋斗，短短几年，他们的公司就已经拥有了千万资产，这两个有情人也决定结婚。

此时的高小凤，却是悔不当初，早知道前夫田志朋有这个能耐，自己怎么可能会放手呢，可看到他要和别的女人结婚，她的心里无法平衡，说到底是自己打造了这么一个优秀的男人，只不过运气太背，被别的女人捡了个漏。于是她主动给田志朋打了电话：“小海总说想爸爸，你什么时候回来看看他。”让她意想不到的是，田志朋非常热情，没几天就来了，一家三口一起吃了顿饭，聊得特别开心，临走还拿出来一张存折：“以前没让你们过上好日子，这里有100万元，算是我补偿给你们娘俩的。”高小凤心里美极了，看来前夫对自己和儿子还是有感情，复婚大有希望。

可是两个月之后，她却突然接到了一张请柬，竟是田志朋和吴霞的结婚请柬，当时就懵了。怎么搞了半天，田志朋还是要娶那个女人呢，她赶紧打电话过去质问，可这次田志朋态度非常冷淡：“吴霞对我有恩，我当然要娶她，你和儿子有什么困难还是可以找我的。”从这天起，高小凤天天打电话给田志朋说复婚的事，到后来田志朋只好不接电话，但是谁也没想到，婚礼当天，眼看复婚无望的高小凤竟然铤而走险，在酒店订好了房间，然后发短信给儿子田海说要跳楼，这才发生了开头所说的一幕。

这边田志朋是怎么也没想到高小凤会以死相逼，只能好言相劝：“小凤，你先下来，有什么事好商量！”可高小凤像疯了一样，站了起来：“除非你当着儿子的面发誓，跟我复婚，回到我们娘俩身边来，不然我就跳下去，让你后悔一辈子。”旁边的田海吓坏了，一边哭一边哀求父亲："爸，你就答应了吧，我不能失去妈妈。"万般无奈之下，田志朋沉重地点了点头，高小凤这才破涕为笑，从窗台上下来了。

而那边被晾在婚礼现场的新娘吴霞，在听说事情的来龙去脉之后，不但没有责怪未婚夫反而安慰说："高小凤可能受了刺激，有心理问题，如果我们坚持结婚，出了事我也不会安心，这样吧，你先带她把病治好，我会等你的。"听到这儿，田志朋是感动万分。事后，他咨询了律师，起草了一份《婚前财产协议》：写明公司股份属于田志朋婚前个人财产，复婚之后，和高小凤没有任何关系。可没想到高小凤只看了一眼，就把协议撕了个粉碎："你这是什么意思，你以为我要图你的钱才要复婚的么？你这是侮辱我的人格，我还不如死了算了！"说着就向阳台冲过去。面对这样的压力，田志朋实在是没有办法，只好去民政局办理了复婚手续，然后搬回家来，一边带高小凤看心理医生，一边打理公司事务。幸运的是，经过半年的治疗，高小凤的精神状态是越来越好，可田志朋却又遇到了棘手的问题。

● 疯狂妒妇，再挑婚姻战火

原来这天高小凤炖了鸡汤，特意到公司找田志朋，推门一看，只见丈夫和吴霞紧紧挨着坐在一起，说得是热火朝天。一想到这个女人差点夺走了自己的丈夫，高小凤气不打一处来，当场就拉下脸，把丈夫叫了出来："这个女人怎么还赖在公司不走，我们都复婚了，她还想干什么？"田志朋说："吴霞是公司的股东，有公司 50% 的股权，要她走就要买她的股份，现在哪有那么多闲钱，以后再说吧。"高小凤一听也有道理，可她总觉得吴霞和丈夫朝夕相处太不安全，于是有事没事就总往公司跑。

这天，她又去公司查岗，却无意间在洗手间听到一段让她怒火中烧的对话。两个女员工正聊着天，一个说：“那个天天来咱们公司的老女人原来是田总的前妻，听说当年她不要田总，现在田总发达了，就非得复婚，也太不要脸了。”另一个也说：“吴总也太可怜了，和田总打天下，吃了多少苦，凭什么被那个老女人欺负？反正在我眼里，只有吴总才是真正的老板娘。”听了这些高小凤气得肺都要炸了，疯劲一下子又上来了，三步并作两步冲进吴霞的办公室，上去就是一个巴掌：“还想当老板娘是吧？今天你就给我走人！只有我才是这里的老板娘！”这一下，外面的员工都看傻了，吴霞捂着脸大哭了起来，而隔壁的田志朋看到这场景也是忍无可忍，他咆哮起来：“保安，给我把这个女人轰出去！再也不许她踏进公司一步！”

从这天起田志朋再也没有回家，他给儿子写了一封信：“我和你妈早已没有任何感情，现在她的病已经治好了，爸爸决定离婚，爸爸不能再辜负吴阿姨了，原谅爸爸，你是爸爸永远的好儿子。”随信田志朋发来了一份已经签字的离婚协议，表示愿意再留给高小凤100万元。

事已至此，高小凤知道当初田志朋之所以同意和自己复婚也是为了孩子为了这个家，而如今自己又亲手将这段失而复得的婚姻推向了死亡，吴霞在老田心里的地位是无法撼动的，离就离了吧，至少还可以分得价值可观的财产。

抱着这样的念头，高小凤一纸诉状把田志朋告上了法庭，要求分割这家公司25%的股权和婚后该股权所获得的收益180万元。

田志朋当年被高小凤赶出家门，挣着钱了，就被逼着复婚，现在离婚竟然一开口就要分他的股份，他能同意么？所以在法庭上，没等高小凤念完起诉书，田志朋就气得喊了起来：“当初离婚，我可是净身出户的，全部财产都给了你。这家公司是我和你离婚后、复婚前白手起家创办的，是我的个人财产，你没掏过一分钱，没出过一份力，凭什么分割啊？简直是荒唐！”可高小凤却振振有词：“我们虽然离过婚，但我们后来不是复婚了么？既然复婚，就像从来没离过一样嘛，这公司我当然有份了；再说了，复婚前，你让我签的那个什么婚前财产协议，我也没签啊，如果不是夫妻共同财产，你干吗这么处心积虑让我签那个啊？”

还别说，这高小凤说得听上去是有几分道理，那么是不是没有签订婚前财产协议，这复婚前一方所得的财产在复婚后就自然属于夫妻共同财产了呢？

其实很多人都有这样的想法，认为复婚和普通的结婚在法律后果上会有所不同，但这是一个误区，婚姻法第三十五条规定：“离婚后，男女双方自愿恢复夫妻关系的，必须到婚姻登记机关进行复婚登记。”同时，《婚姻登记工作暂行规范》第三十六条规定：“申请复婚登记的，当事人填写《申请结婚登记声明书》，婚姻登记机关按照结婚登记程序办理。”从程序上说，复婚适用结婚登记的程序，从实质上说，复婚与两人初次结婚在本质上也没有区别，财产上，仍然是适用我国婚姻法规定的法定财产制和约定财产制并行的夫妻财产制度。

>> 法点链接：法定财产制和约定财产制

约定财产制，就是夫妻二人以书面约定的形式确定婚前和婚内的财产怎么归属；而法定财产制，就是两人在婚前或婚后没有进行约定或约定无效的情况下，就按照法律规定的原则来处理婚姻财产。

本案中，田志朋曾经在婚前想做个约定，但高小凤没同意，所以肯定是适用法定财产制了，那么法律具体是怎么规定的呢？

》法点链接：夫妻共同财产和个人特有财产

法定财产制中把双方婚前婚后的所有财产划分成了两个部分：夫妻共同财产和个人特有财产。婚姻法第十七条规定的是夫妻共同财产，包括："（一）工资、奖金；（二）生产、经营的收益；（三）知识产权的收益；（四）继承或赠与所得的财产，但本法第十八条第三项规定的除外；（五）其他应当归共同所有的财产……"而第十八条规定的是个人特有财产，包括："（一）一方的婚前财产；（二）一方因身体受到伤害获得的医疗费、残疾人生活补助费等费用；（三）遗嘱或赠与合同中确定只归夫或妻一方的财产；（四）一方专用的生活用品；（五）其他应当归一方的财产。"法律规定得很明确，一方婚前财产属于一方个人所有。

所以在本案中，我们很清楚地看到，高小凤和田志朋在第一次离婚时已经对财产进行了分割，高小凤当年得到的一套房子和20万元存款属于高小凤的婚前个人财产，而净身出户的田志朋在离婚后所获得的公司50%的股份也就相应属于他的婚前个人财产。而《最高人民法院关于适用〈中华人民共和国婚姻法〉若干问题的解释（一）》第十九条明确规定："婚姻法第十八条规定为夫妻一方所有的财产，不因婚姻关系的延续而转化为夫妻共同财产。但当事人另有约定的除外。"所以不管两人结婚经过了多少年，一方婚前财产仍归一方所有，即使是复婚也不例外。本案中，田志朋和高小凤在复婚时虽然没有约定田志朋公司的股权是田志朋的婚前个人财产，但也没有约定在复婚后将这些公司股权归双方共同所有。所以，高小凤对田志朋所持有的公司股权是无权分割的。

但是，在现实中，复婚夫妻，由于以前存在过婚姻关系，有些财产在当初离婚时又分割得不是很清楚，存在着错综复杂的财产纠葛，所以在复婚时对于复婚前双方各自有哪些财产最好是订立协议，约定清楚，以避免日后发生纠纷。

还有一个问题，就是高小凤提出要求分割她与田志朋结婚后这大半年里田志朋的全部股权收益360万元，她要拿一半——180万元，这又有没有道理呢？根据《最高人民法院关于适用〈中华人民共和国婚姻法〉若干问题的解释（二）》第十一条的规定："婚姻关系存续期间，下列财产属于婚姻法第十七条规定的'其他应当归共同所有的财产'：（一）一方以个人财产投资取得的收益……"而田志朋以个人财产投资于公司，若该投资所享有的收益是在婚姻关系存续期间取得的，则该公司生产经营产生的利润分配等应当属于夫妻共同财产，而复婚时对这个问题没有作出另外的约定，所以高小凤的这个诉讼请求是应该得到支持的。最新颁布实施的《最高人民法院关于适用〈中华人民共和国婚姻法〉若干问题的解释（三）》第五条也进一步明确了这个问题："夫妻一方个人财产在婚后产生的收益，除孳息和自然增值外，应认定为夫妻共同财产。"

最后，法院经过审理，认为田志朋和高小凤的夫妻感情已经破裂，判决准予离婚，二人在婚姻关系存续期间，田志朋的公司股权收益为360万元，高小凤分得180万元，同时驳回了高小凤关于要求分割田志朋持有的公司股权的诉讼请求。

案件结束后，田志朋很快和吴霞举行了婚礼，而高小凤这个与他有着太多恩怨的女人，再次消失在了他的世界中，也许田志朋还在后悔自己的复婚行为，可他不知道更后悔的人却是高小凤。但笔者想说的是，有些女人把投资男人当做自己的事业，那么除了当初要看准投资对象，还要用心经营，因为婚姻和财富都一样排斥“不劳而获”。

重婚迷云

·关键词·

纵火　婚外情　原配　登记重婚　刑事责任

在2010年的9月的一天，山东省某市位于开发区的一个高档小区里，只见一个20多岁的女人从楼道里冲了出来，手里还抱着一个哇哇直哭的孩子。这外面呢，正好并肩走来了一男一女，三个人撞了个正着！抱孩子的女人回过神来一看，上去就给了其中那女人一巴掌，狠狠地骂道："原来就是你这个狐狸精，敢抢我老公，我跟你拼了！"可被打的女人也尖叫了起来："你知道什么，你才是第三者！"抱孩子的女人急了，把孩子塞到男人怀里，和那女人厮打了起来。这男人一边喊："你们这是干什么呀？"一边想上去拉架，可手里抱着孩子又使不上劲儿。然而就在这时，两个保安从楼上来了，一边把两个女人拉开，一边厉声问道："你们三个到底是谁放的火？"这一听大家都愣住了，而之前抱小孩的女人却说了："是我放的又怎么样？他想金屋藏娇，没门！"

那么，这一个男人和两个女人之间到底是什么关系？放火又是怎么回事？听起来像是妻子发现了丈夫的婚外情，前来兴师问罪了，可什么挨打的女人却说她才是第三者呢？这背后究竟有着怎样的隐情！咱们还是从头讲起。

● 陌生孩童，揭破婚姻骗局

抱着孩子的女人叫做祁姗，时年27岁，从小是个一心只读圣贤书、两耳不闻窗外事的乖乖女，大学毕业后进了一家建筑公司，没到一年就嫁给了这家公司的副总吴天鹏。虽说吴天鹏大她10岁，又经历过一次失败的婚姻，但也许正因如此，他对祁姗格外珍惜，二人婚后不久生下了一个可爱的女儿芸芸，所以在祁姗看来，自己的人生可谓一帆风顺。但谁也没想到，就在小芸芸4岁那年，祁姗突然发现她的婚姻竟然是个天大的骗局。

这一年，公司有个大型的房地产项目在新建的开发区上马，公司派吴天鹏过去坐镇指挥，吴天鹏平时都住在公司宿舍，只有周末才能回家陪伴妻子和女儿。这一天是小芸芸4岁生日，可偏偏是个星期三，工程又到了最后关头，吴天鹏当然不能请假回家。可这小芸芸是哭着嚷着非要跟爸爸一起过，看女儿哭得实在招人心疼，祁姗只好带着孩子开了一个小时的车赶到了工地，这才给吴天鹏打电话：“老公，这饭总是要吃的，你就下来吧，咱们一起给芸芸过完生日，我就带着孩子回去，绝对不影响你工作。”这要求也合情合理，吴天鹏于是带着老婆和女儿去了附近一家肯德基，两个人跟小芸芸吃完饭又在儿童乐园里玩了好一会儿。

可就在这时，祁姗突然听到一个童音，大叫了一声：“爸爸！”扭头一看，不远处一个两三岁的小男孩正张着两只小手，冲吴天鹏咯咯地乐呢。再看抱着小男孩的，是个看上去二十多岁的漂亮女人，面无表情地看了他们几秒，抱着男孩转身就走了。吴天鹏赶紧解释："肯定是认错了吧！有些小孩儿，爸爸戴眼镜，他就管所有戴眼镜的男人叫爸爸，真逗！你可别多心！"

虽然当场祁姗没说什么，但这天晚上回到家她却失眠了：虽说一直以来她都相信吴天鹏是个好丈夫，更是个好爸爸，不会做什么对不起自己和女儿的事，但想想那女人过于冷漠的表情，她还是起了疑心，而且她越回想就越觉得那小男孩的眉眼与吴天鹏有几分神似！

● 暗访豪宅，贤妻纵火烧房

从这以后，祁姗忍不住多了个心眼儿，每次丈夫回来她都不动声色地查看他的手机，可一直没什么发现；想翻翻丈夫的公文包吧，可吴天鹏似乎看得特别紧，总是说："那里面都是公司的机密文件，你别瞎翻！"怎么办呢？这个周末，祁姗故意装病说："老公，我胃疼，你下楼帮我买点药吧！"祁姗的计划成功了，吴天鹏没有带走公文包！她是哆哆嗦嗦一阵折腾，还真是在一个夹层里找出了一张送货单，商品是钢琴，地址是开发区的一个小区，收货人写的是刘芳，刘芳是谁？这张送货单为什么会在丈夫这里？当时她就抄下了地址，决定要去实地调查一下。

于是这一天，祁姗按照地址找到开发区来了，这是一个非常高档的小区，到楼下按响了904的门铃，传出一个中年女人的声音："你找谁？"祁姗说："是刘芳家么？"中年女人有点警惕："我家太太出去了，你找她什么事？"祁姗灵机一动："是吴总让我来的，送个材料。"这下门"啪"的一声开了，她赶紧上了904，开门的是个四十多岁的保姆："你把材料给我吧，等吴总回来我就给他！"这一听，祁姗心里凉了半截，原来丈夫真的是家外有家？她强忍着愤怒，笑眯眯地说："大姐，你看我抱着孩子，材料在包里不方便拿。你让我进去坐下再给你拿。"这时，里面传来一阵孩子的哭声，保姆一看，说："行，那你进来吧。"转身就去里屋抱孩子。祁姗在后面跟着，当她看到孩子的小脸后，差点晕了过去：没错！这孩子正是那天在肯德基里冲着吴天鹏叫爸爸的小男孩。此时的祁姗还在强撑着说："这孩子长得真漂亮！"保姆听了高兴，话匣子一下打开了："那当然，因为我们太太长得漂亮，孩子当然好看了！你不知道，就因为我们太太生了这孩子，吴总对她更好了，前几天我太太说想学钢琴，这不就买了架几万块钱的钢琴！"说着一指客厅里一架很气派的白色钢琴。听到这儿，祁姗实在忍不住了，情绪失控喊了起来："你别再说了！你说的什么太太是个破坏别人家庭的二奶，赶紧给她打电话叫她回来，说吴天鹏的老婆找她算账来了！"保姆一下子愣住了，而这时小男孩也吓得哇哇直哭，保姆怕出事，一把抱起孩子跑出了门。

祁姗在屋里焦躁地走来走去，心想：自己是吴天鹏的老婆，不过住着一套普通的三居室，而这外面的女人却住着如此豪华的高级公寓，还有保姆伺候，觉得又气愤又委屈：难道自己的待遇还比不上一个小三吗？她是疯了一样见什么砸什么，花瓶、电话、水晶杯……突然祁姗的视线停在了那架崭新的白色钢琴上，心想："还钢琴呢？我让你们装高雅、玩情调，今天我就烧了它！"于是拿起几张面巾纸，点着了扔在了钢琴上，然后抱着孩子就往楼下冲。

可她怎么想到刘芳接到保姆的电话竟找着吴天鹏一起赶了回来，三人在楼下是撞了个正着；而另一边，钢琴起火引发烟感器一直报警，保安查明起火地点后也赶了过来。这就是我们开头看到的那一幕。

● 正妻竟成第三者，婚姻背后迷雾重重

那边因为发现得及时，钢琴只是盖子上的喷漆留下了部分烧焦的痕迹，没有造成严重的损失。但物业还是决定报警，民警把三个人全部带回派出所进行调查。办案人员告诉祁姗："你的行为涉嫌故意损毁财物罪。"祁姗害怕急了，一边哭一边激动地说："我好冤枉啊，这都是被他们逼的，我老公和那个女人住在一起还生了个孩子，他们这是重婚啊？我要告他们，警察同志你们可得替我做主啊。"

警察一听，说了："先做笔录，你说的事情我们会调查清楚的。"一周之后，办案人员告诉祁姗："根据调查：吴天鹏确实涉嫌重婚。"祁姗听了恨得咬牙切齿，可办案人员接下来的话却让祁姗她万分震惊、无法接受："但他重婚的对象不是刘芳，他和刘芳只是同居关系，他重婚的对象是你自己，因为吴天鹏在 1994 年 6 月已经和一个叫王美霞的女人在老家登记结婚了，之后你又和他登记结婚，你们俩的行为都已涉嫌重婚罪。"祁姗一听大喊起来："警察同志，这绝不可能！我知道那个王美霞，可他们早就离婚了啊！"可是警察却斩钉截铁地说："我们已经和当地民政机关进行了核实，他们至今都没有离婚，而且吴天鹏自己也向我们承认了！"听到这里，祁姗当场晕了过去。那么，这究竟怎么回事呢？

原来 40 岁的吴天鹏出生在一个并不富裕的农村，早年在父母的安排下他与同村姑娘王美霞结婚并生育了一个女儿。后来吴天鹏通过自学考试来到大城市发展，随着事业的发达，地位的提升，见了世面的吴天鹏再也瞧不上老实巴交、只有初中文化的妻子了，他与公司的大学生祁姗相爱后，回老家打算离婚，可遭到父母的坚决反对："臭小子，你在外面怎么胡来我们也管不了，但美霞给你养了孩

子，照顾我们两个老骨头也是任劳任怨，这样的好媳妇我们吴家人要对得起人家。你要离也行，等我们死了再说！”吴天鹏没有办法，只好托关系开了个未婚证明和祁姗在本地又办理了一次结婚登记。后来吴天鹏又认识了长得更漂亮的刘芳，虽然知道他有老婆，但刘芳并不介意，还给他生了个男孩。而老家的妻子王美霞个性软弱，明知丈夫在城里有不止一个女人，但只要吴天鹏按时寄生活费，偶尔回来看看，她就觉得丈夫心里还有这个家，就什么也不说什么也不争。所以5年来，祁姗一直被蒙在鼓里，以为自己生活美满、家庭幸福。

如今得知真相的她，痛哭流涕："警察同志，我也是受了骗，他一直说他离了婚啊。"

警察说："如果你真的不知道吴天鹏与他人还有婚姻关系，那就不构成重婚罪了。那么你作为吴天鹏重婚行为的受害者，有权向人民法院提起刑事自诉，告他重婚。"至于祁姗火烧钢琴的事，由于造成的损失后果没有达到构成犯罪的程度，公安局对祁姗一番训诫之后就让她回去了。

听到这儿，可能有人会问：为什么吴天鹏与祁姗在一起就涉嫌重婚罪？而他与刘芳一起还生了孩子，警方怎么就说不构成重婚罪呢？

>> 法点链接：重婚罪的情形

这是因为重婚有两种情况：一是登记重婚，即有配偶的人又和他人登记结婚，就像本案中，吴天鹏未与王美霞离婚又与祁姗登记结婚，无疑属于登记重婚；二是事实重婚，即有配偶的人与他人虽然没有登记，但是以夫妻名义共同生活的。而本案中据警方调查，吴天鹏与刘芳虽然同居生子，但并没有以夫妻名义，所以不构成重婚罪。至于祁姗，并不知道吴天鹏没有离婚，不属于法律规定的“明知他人有配偶又与之结婚”的情形，也不构成重婚，而只是吴天鹏重婚行为的受害人。

虽说祁姗免除了牢狱之灾，可她原本是理直气壮地向丈夫的“小三”兴师问罪，不想到头来发现自己竟然也是个第三者，这刺激太大了，祁姗回到家就病倒了。而吴天鹏呢？从派出所出来后提心吊胆，怕祁姗一怒之下告他重婚，于是甜言蜜语狂轰滥炸：“我真正爱的只有你！和刘芳是逢场作戏，已经给她一笔钱让她走人了，他们住的那栋房子我都已经过户给你了；王美霞那边你更不用担心，我对她只有责任没有感情，我保证以后对你一心一意！”说着还将房产证交到祁姗手里。吴天鹏这招还真管用，祁姗想，真把吴天鹏告了，自己和孩子怎么办？只要他肯改邪归正，倒也可以接受，于是在吴天鹏的一再保证下，她打消了刑事自诉的念头。

然而，就在吴天鹏暗自得意时，他却接到了法院的电话。怎么回事？谁把自己告了呢？王美霞？不可能，这个女人逆来顺受，不可能突然告他！祁姗？也不可能！他与祁姗明明已经雨过天晴！而当他来到法院，才知道被告的不止他一人，竟然还有祁姗。而起诉他们的是祁姗户籍所在地的居委会，居委会向法院申请宣告祁姗和吴天鹏的婚姻关系无效。

》法点链接：无效婚姻

这里说到了无效婚姻。无效婚姻是指男女双方虽然登记结婚，但却违反了法律规定的结婚的实质要件和形式要件，因而不具有法律效力的婚姻。依据婚姻法第十条的规定，无效婚姻有“重婚的、未到法定婚龄的、有禁止结婚的亲属关系的、婚前患有医学上认为不应当结婚的疾病，婚后尚未治愈的”四种情形。本案中，像吴天鹏与祁姗是在吴天鹏与王美霞的婚姻关系没有解除的情况下登记结婚的，属于重婚，那么无论双方是否受到刑事追诉，从婚姻法的角度来看，他们的婚姻都是属于无效的。

那么，一旦出现无效婚姻，当事人或者利害关系人就可以向法院申请，法院查明事实后应该宣告婚姻无效；另外，如果法院在审理相关案件时发现有无效婚姻的，也可以依职权自行宣告婚姻无效。

可本案中并不是吴天鹏或者祁姗向法院提出申请，而是居委会，于是吴天鹏就说了：“法官，不管我和祁姗的婚姻是否有效，都是我们两个人的事情，关它居委会什么事啊？它凭什么管我们的家务事啊！”

可法官说：“居委会还真不是多管闲事。”因为我国法律对哪些人有权申请宣告婚姻无效作了明确规定。《最高人民法院关于适用婚姻法若干问题的解释（一）》第七条规定：“申请宣告婚姻无效的主体，包括当事人及利害关系人。”其中还特别规定：“以重婚为由申请婚姻无效的利害关系人是指当事人的近亲属、基层组织。”这个基层组织就包括当事人所在的村民委员会、居民委员会、所在单位。法律为何作这样的规定？这是因为重婚行为严重违反了一夫一妻的婚姻法基本原则，有损社会公德，其危害性远远大于其他三种婚姻无效的情形。所以，法律让公共权力介入干预，很有必要。像本案中，吴天鹏的合法配偶王美霞由于软弱不提出丈夫与祁姗婚姻无效的申请，祁姗出于对自身利益的考虑也不提出自己与吴天鹏婚姻无效的申请，吴天鹏本人更不会提，这三个人相安无事，但这样一来吴天鹏就有了两个妻子，这是法律所不能允许的，这种情况下，就必须赋予像居委会这样的基层组织申请宣告他们婚姻无效的权利。

法官一解释，吴天鹏无话可说，可祁姗急了："这样对我太不公平了，我是被骗的，要是宣告婚姻无效，我和孩子怎么办啊？我们以后靠什么生活啊？"法官说："这个你不用担心，婚姻无效你们就属于同居关系，不过孩子吴天鹏仍然有抚养义务，要支付抚养费，同居期间的共同财产你也可以依法分割。"吴天鹏倒是痛快，当场表态："我对不起祁姗，我们的财产一共是两套房子、一辆奥迪汽车、还有 200 多万元存款和股票，加起来大约 600 万元，我只要一套小房子和车，其他的都给祁姗吧。"祁姗一听，心想算你有点良心，于是赶紧说："我没意见！"可这时法官说了："不能你们说怎么分就怎么分，我还得问问王美霞。法庭会将本案情况通知王美霞，看其是否要求作为有独立请求权的第三人参加诉讼，本案十天后再开庭审理。"

法点链接：有独立请求权的第三人

这里提到了"有独立请求权的第三人"，什么意思呢？简单说，一个诉讼开始以后，诉讼之外的其他人认为原被告争议的诉讼标的，既不属于原告，也不属于被告，而是全部或部分属于自己，所以要求以独立的地位，参加到已经开始的诉讼中来。举个例子，两个人争一套房子，原被告都说房子是自己的，可这时又出来一个人说房子不是你们的，而是我的，这个人就叫"有独立请求权的第三人"。

说到这，有人要问，人家吴天鹏和祁姗分割他们同居期间的共同财产，关王美霞什么事呢？为什么法院要通知她呢？大家别忘了，对于吴天鹏与祁姗，这价值 600 万元的财产是在两人同居期间的 5 年中共同取得的，属于同居共同财产，但是这 5 年，我们换个角度会发现同时也是在吴天鹏和王美霞的婚姻关系存续期间，所以这些财产也属于吴天鹏和王美霞的夫妻共同财产，如果吴天鹏将这600万元的大部分都给了祁姗，实质上就损害了其合法配偶王美霞的权益。《最高人民法院关于适用婚姻法若干问题的解释（一）》第十六条规定：“人民法院审理重婚导致的无效婚姻案件时，涉及财产处理的，应当准许合法婚姻当事人作为有独立请求权的第三人参加诉讼。”因不能损害合法配偶的权益，所以法院将此案情况通知了王美霞，而王美霞得知后立即申请作为有独立请求权的第三人参加诉讼。

于是第二次开庭时，祁姗发现法庭上出现了一个四十多岁的农村妇女，这就是和吴天鹏存在合法婚姻关系的王美霞。不知为何，看到王美霞，祁姗的心里一点恨意都没有，更多的是同情，而她从王美霞的眼神里也找不到愤怒，有的只是平静和无奈，她缓缓地告诉法官：“我相信祁姗也是受了骗，她孩子还小，需要钱，多分一点我也没什么意见。”那一刻，祁姗感动得泪如泉涌，而吴天鹏则是羞愧难当，最终在法院的调解之下，吴天鹏和王美霞一致同意分给祁姗一套大房子和150万元存款，其他财产仍作为吴天鹏和王美霞的夫妻共同财产。

案件结束后，祁姗带着女儿离开了这座城市，重新开始她的人生，而王美霞作为一个多年来忍辱负重、从不抗争的传统女性也在女儿的鼓励之下，来到丈夫身边。我不知道她和吴天鹏的婚姻能不能继续，也不知道见一个爱一个的吴天鹏经过此次教训能否对发妻回心转意。但我希望的是每个人都能对自己的选择和婚姻负起责任，当爱情难以为继，请认真地给婚姻画上一个法律认可的句号。

你的孩子我的命

·关键词·

末婚先孕　车祸　假想情敌　赔偿金　生子协议

2010年2月的一天上午，贵州省某市阴雨绵绵，而在当地殡仪馆的门口更是哭声一片。只见一个满头白发的老汉在几个亲友的搀扶下，一边流泪一边颤颤巍巍地走了出来。突然，这老汉的衣兜里传出一阵急促的手机铃声，可他就好像没听到一样，只是默默流泪。这时，旁边一个五十多岁的女人，赶紧从他的兜里掏出手机看了一眼来电显示，一声惊呼："是小杜啊！她怎么才来电话？"这一喊，老汉也好像一下子活了过来，一把夺过手机破口大骂："你个无情无义的女人，我家小海为你命都不要了，你居然还躲起来？你到底对小海做了什么！"也许是因为情绪过于激动，老汉话还没说完就气得抽搐了起来，手机掉在了地上，而他自己竟一头栽倒在地上昏死了过去。众人一看便手忙脚乱地把老汉往医院送，而这个掉在地上的手机里却还执著地传来那个被叫做小杜的女人的焦急喊声："什么？你说小海他怎么了？你再说一遍！"

这究竟是怎么回事呢？这悲痛欲绝的老汉口中的小海和这被他痛骂的小杜究竟是什么关系？小海到底是不是因为小杜而死的呢？如果是，为什么小杜听上去似乎毫不知情呢？我们还得从这个晕倒的老汉开始说。

● 寿宴生悲，独子一去不归

他叫陈建设，时年整60岁，是当地一家工厂的退休职工，结婚十几年妻子都没有怀孕，两人四处求医问药，直到39岁才中年得子，有了几代单传的独苗，取名陈海。可这好不容易得了儿子，妻子却又患上了子宫癌。临终前，妻子紧紧握着他的手说："我先走一步了，我们的小海只能靠你了。"这样一来，背负着亡妻的心愿和重托，陈建设没有再婚，一个人既当爹又当娘，把儿子陈海拉扯大。

陈建设的付出没有白费，陈海很争气，不但孝顺，而且考上了当地一所名牌大学，到了大三的时候，陈建设就开始唠叨："爸老了，你趁早给我找个可心的女孩，一毕业就把婚结了，让爸早点抱孙子。"陈海总说："这事儿不能着急！"可这天，陈海神神秘秘地打来电话说："晚上我带个同学回家，您做几道好菜吧。"当晚陈海带来一个特别文静的女孩子："爸，这是我同学叫杜梅。"杜梅红着脸问了声"叔叔好"就一头扎进厨房帮着洗菜做饭。看得陈建设满心欢喜，悄悄把儿子拉到一边问长问短，这才知道，杜梅来自农村，家里经济条件很不好，平时要靠勤工俭学赚取学费。陈建设一听挺高兴："穷人的孩子早当家，你和杜梅在一起我放心！"就这样，在陈建设的支持下，陈海与杜梅的恋情一帆风顺。可天有不测风云，就在陈建设60岁生日这天，一场飞来横祸打破了所有的计划。

那天，陈建设准备了一大桌子菜，还邀请了陈海的姑姑，陈建设的妹妹陈秀莲一家人来庆祝，还嘱咐陈海把杜梅带回来，要介绍给亲戚们认识。可没想到陈海一个人黑着脸回来了，进了书房把门一关，半天也不出来。陈秀莲的女儿叫王敏，这天也在，她还把男友刘浩也带过来了，两个年轻人一直敲门："哥，你太不够意思了！说好了今天让我见见未来的嫂子，怎么没带回来啊？"刚说完，陈海"砰"的打开房门又冲了出来，冲着刘浩问："你今天骑摩托来的吗？快把钥匙给我！"刘浩刚刚拿出钥匙，陈海一把抢了过去，就往门外走。陈建设喊："这么晚了，你去哪啊。"陈海把手一挥："我这就找杜梅去。"说完转身就走了。

大家本以为两人吵架，不久就能一起回来。可一直等到晚上9点多，陈海没回来，家里的电话却响了，是当地交警打来的，说是陈海骑着摩托车上了非机动车道，恰好有一辆面包车在与一辆大货车相撞后，又冲过绿化带将陈海撞死了。

陈建设是中年得子，好不容易熬出头，盼着儿子娶妻生子，却落得个老来丧子，这打击太大了，就跟天塌了似的，他头发一夜之间全白了。可奇怪的是，儿子的女友杜梅却好像人间蒸发了一般，不见了人影，陈建设打她手机却一直关机，这太不正常了。然而就在办完葬礼从殡仪馆出来的时候，这失踪的杜梅却突然来电话了！老陈此时又悲又气，没说几句就当场心脏病发作被送往了医院。

● 再现生机，遗腹子成最后希望

那么杜梅和陈海之间究竟发生了什么呢？那天陈建设从医院回到家里，没多会儿就有人敲门，一看竟是杜梅。她一进屋，赫然看到陈海的遗像，整个人瘫软在地上，放声大哭：“陈海你太不负责任了！你移情别恋不要我可以，难道你连自己的孩子也不管了吗？”儿子变心了？还有了孩子？陈建设赶紧追问，杜梅这才流着眼泪说出了事情的前因后果。原来就在陈海出事前三天，杜梅亲眼看见陈海和一个年轻漂亮的女孩亲热地搂在一起，于是发起了脾气，两个人一直在闹分手打冷战，所以杜梅压根儿不知道男友已经去世。说到这里，杜梅哭得更凶了：“既然他变心了，我本来也不想找他，可是我今天去医院才知道自己已经怀孕两个多月了。我打电话给您，就是想跟您商量打胎的事。”

听完杜梅的话，陈建设突然像发现了救命稻草似的，一下子精神了起来，只见他一把拽住了杜梅，说了一句让杜梅吃惊的话：“小杜，不能打胎！陈叔求你把孩子生下来吧！陈叔这一辈子太苦了。小海三岁他妈妈就丢下我们走了，我现在年纪大了，儿子又说没就没了。本来我不想活了，可你给我们陈家带来了希望，原来我们陈家还有后代啊！”杜梅一听惊呆了，连连摇头说：“陈叔，我和陈海还没结婚，生下孩子，我以后怎么嫁人？再说我刚毕业，工作还没着落呢，养活自己都困难！更何况陈海已经背叛了我，我怎么可能为这样的男人生孩子呢？您这要求也太荒唐了吧？”杜梅气得转身就走。

杜梅走后，陈建设一个人想着死去的儿子，不由自主地打开了儿子生前一直使用的电脑，似乎是在寻找一些回忆。这时他刚巧打开了桌面上的一个文件，一看这内容，他悲喜交集，赶紧打电话叫来了外甥女，也就是陈秀莲的女儿王敏，两人一路就到了杜梅的家门口。

杜梅一看是陈建设，耐着性子说：“陈叔，您别白费心思了，我明天去医院做手术。”可当杜梅看到陈建设身后的王敏时，大吃一惊：“陈叔您太过分了！把这女孩带来什么意思？”王敏赶紧说：“杜梅姐你好，我终于见到表哥最爱的女人了。可惜他已经走了。”“表哥？”杜梅顿时觉得天旋地转，几乎昏倒，她这才明白所谓的陈海移情别恋竟然是一场天大的误会！

原来，在车祸前几天，杜梅看到的那个年轻漂亮的女人就是王敏。当时王敏拉着陈海逛商店，想给陈建设买生日礼物，兄妹俩一路上嬉笑打闹。不巧，被杜梅撞了个正着，她气得转身就走，当晚发来短信：“我无法忍受你的背叛和不忠，既然你有了别人，我们就分手吧。”接下来的两天，杜梅根本不听陈海的解释，不接电话，也不与陈海见面，急得陈海是六神无主。就在陈建设生日这天，陈海回家以后关起门来给杜梅写了一封邮件，把那天的事情说了个清楚。可邮件还没发，就接到了杜梅的短信：“我现在要回老家了，你不要再找我了。”就这样，陈海才焦急地骑上刘浩的摩托车去追杜梅，可谁也没想到，竟然出了车祸。

知道了真相的杜梅，痛哭流涕：“这都怪我，如果不是我太任性，不听他解释，如果不是我发了那条短信，陈海怎么会出这样的事儿啊！”陈建设趁势劝说：“小杜啊，陈海走了，你自责也没用。陈叔只求你把小海的孩子生下来，我们陈家祖祖辈辈都感激你！”此时的杜敏怀着对男友去世的悲痛和内疚，态度也发生了变化，一方面她有一种赎罪心理，想给陈建设老年丧子的痛苦一个慰藉，可另一方面她又很矛盾，生下这个孩子要怎么养活呢？自己的牺牲会不会太大了？这时陈建设说：“我早想好了，孩子生下来我来带，不用你操心，也不用你出一分钱！而且我还给你一笔钱作为补偿。”杜梅半信半疑：“陈叔，你家的情况我也了解，您要是养孩子哪还有钱给我呀？”这一问，陈建设老泪纵横：“这钱是小海用命换的呀！”

原来，陈建设了解到，撞死陈海的面包车来自一家很有实力的物流公司，自己肯定可以得到一笔赔偿款，这钱只要杜梅同意生孩子，自己一分也不要，全都给她。这下杜梅真的动心了：一方面为陈家留后可以弥补自己的愧疚，另一方面这笔钱可以缓解她自己的生活压力。于是，杜梅下定决心生下孩子。眼下当务之急就是拿到这笔赔偿款。可当他们找到这家物流公司要求赔偿时，物流公司的态度却让他们大失所望。

物流公司的法务人员说：“你没有看交警出的《交通事故认定书》吗？那上面清楚地写着肇事司机负主要责任，你儿子陈海负次要责任，我们最多赔偿 8 万元！”陈建设一看《交通事故认定书》上还真是那么写的：原来出事那天陈海是无证驾驶摩托车，而且没有佩戴头盔，又驶入了非机动车道，交警大队依据这三点认为陈海违反了多条交通法规，应对事故负次要责任。这陈建设的心一下子掉进了冰窖，心想这 8 万元能顶什么事啊。倒是杜梅很镇定：“陈叔，咱不能听他们的，还是请个律师打官司吧。”于是，杜梅陪同陈建设聘请律师起草诉状，把物流公司告上了法庭，要求他们赔偿各种费用 37 万元。

交通事故认定书可是公安部门出具的，难道法院判决还会两样么？所以到了法庭上，当原告陈建设一读完起诉状，被告物流公司便理直气壮地反驳：“本案应该按照《交通事故认定书》的责任认定来进行判决，我方仅主要责任，最多承担 60% 的赔偿责任。”可是陈建设聘请的律师怎么说呢？他说：“本案虽然是由交通事故引发的，但究其根源是一起人身损害赔偿案件，法院应当依据民事侵权构成要件来确定本案事实，并且依据民事责任的分配原则来作出判决，而不是仅仅把《交通事故认定书》当做认定赔偿责任的唯一依据。”

那么，律师说得究竟有没有道理呢？法院是否会认同这份交通事故认定书的责任认定呢？

首先，所谓《交通事故认定书》到底是什么？是一种法律文书？还是一种鉴定结论？

法点链接：交通事故认定书的性质

根据道路交通安全法第七十三条规定：“公安机关交通管理部门应当根据交通事故现场勘验、检查、调查情况和有关的检验、鉴定结论，及时制作交通事故认定书，作为处理交通事故的证据。……”也就是说，《交通事故认定书》根据双方有无违反交通法规、违反交通法规的严重程度与情节多少来分清事故原因与责任。在性质上，它不是一种法律文书，也不是权威部门出具的鉴定结论，它只是由公安机关制作的“证据”。它的功能主要是公安机关作为自己处理交通事故的证据，根据责任认定对交通事故的责任人作出罚款、拘留、限制驾车人员的资格等最终的行政决定；另外，在当事人申请公安机关调解时，他们也把责任认定作为证据来分配赔偿责任。但是法院在审理交通事故损害赔偿案件时，并不受交通事故的责任认定的制约，只是把它当做证据之一来进行审查，如果法院认为《交通事故认定书》所认定的事实与民事损害后果之间有因果关系，可以作为民事审判的依据，如果法院认为公安机关的责任认定与事实不符或与民事责任的归责原则不符，完全可以按自己查明的事实，适用民事责任的归责原则来判决。也就是说，《交通事故认定书》的责任认定不等于民事审判的责任认定。

那么，交通肇事作为一种特殊的民事侵权行为，看致害人是否承担赔偿责任，就必须看是否具备侵权的四个构成要件，即违法行为、损害结果、违法行为与损害结果之间的因果关系及过错程度。而在本案中，一个很重要的环节就是审查陈海致死的原因，法医尸检报告已经证明陈海是被面包车碾压心脏致死，这是损害结果，这种损害结果是什么行为导致的？就是被告单位司机驾驶面包车横穿绿化隔离带进入非机动车道这一违法行为导致的，两者之间具有因果关系。而被害人陈海虽然具有驶入非机动车道、无证驾驶、未戴安全头盔等违章行为，但这些违章行为与其死亡之间没有因果关系。首先，其驶入非机动车道的行为虽然违章，但如果这一行为导致损害后果，也应该是导致行人或者非机动车驾驶员的受伤或死亡，而不是导致本人死亡。如果不是肇事司机驾驶面包车横穿隔离带，制造飞来横祸，他最多被按违章处理罚款 200 元而不会造成死亡事故；其次，陈海虽没戴头盔，但造成其死亡原因并不是头部受伤而是胸部受伤，戴了头盔也不能够避免其死亡；而无证驾驶更与其死亡之间没有因果关系。可见，陈海的死亡与其自己的违章行为之间没有因果关系，不存在过错责任。

法院最终经过对案件事实的全面审查，根据陈海致死的原因和双方的过错程度进行了责任划分，认定物流公司对陈海的死亡负全责，陈海自己无责任。并将保险公司追加为第三人，判决保险公司在交强险的范围内赔偿陈建设 5 万元，判决被告物流公司赔偿陈建设各种费用 32 万元。

● 突闻噩耗，孙儿钱财都成空

陈建设拿到这笔赔偿款后，全部给了杜梅。随后亲自把杜梅送回其老家待产，这段时间，他是天天想天天盼，每天都要打电话问长问短，等到预产期快到了，老人再也沉不住气了，硬是跑到了杜梅的老家，想第一时间看到自己的孙子。可他怎么也没想到，杜梅那本该圆滚滚的肚子竟然完全消失了！老人差点儿当场晕倒。

杜梅也不隐瞒，说："陈叔，我本来是准备把孩子生下来的。可您知道我的压力有多大？父母不同意，亲朋好友全反对，我考虑再三，还是把孩子打掉了，算我对不起您吧。"陈建设火冒三丈："我把钱都给你了，你却把孩子打掉了，你这不是诈骗吗？孩子没了，那你把钱还我！"没想到杜梅却说："当初如果不是您坚持让我生，我早就打掉了，现在我是六个月才做了引产，这几个月对我身体和精神都有很大的损害。况且我未婚先孕又是谁造成的？还不是您儿子陈海吗？这37万元，我顶多退一半，另外一半就算是你们赔我的精神损失费吧。"这没了孙子，又赔了儿子的买命钱，陈建设哪能同意，他毫不犹豫地把杜梅告上了法庭，要求她返还全部37万元。这两个陈海最亲近的人，原本打算相互扶持共渡难关，现在却变成了针锋相对的原被告。那么这37万元陈建设究竟能不能要回来？

首先，这37万元从性质上属于赠与财产，双方达成的是一个口头的赠与合同。

》法点链接：赠与人的法定撤销权

根据我国合同法的规定，一般情况下，所赠与财产的所有权转移之后，赠与人就丧失了任意撤销赠与合同的权利。但受赠人有下列情形之一的，赠与人就享有法定撤销权，可以撤销赠与，无论赠与财产的所有权是否发生转移：一是严重侵害赠与人或者赠与人的近亲属；二是对赠与人有抚养义务而不履行；三是不履行赠与合同约定的义务。而本案中，陈建设与杜梅的约定是，杜梅将孩子生下来，陈建设赠与她37万元，而将孩子生下来是这个赠与合同中约定的义务。现在杜梅做了引产手术，没有履行约定的义务，属于行使法定撤销权的第三种情形，陈建设就有权撤销赠与，收回37万元钱款。

那么，既然陈建设享有撤销权，可以撤销赠与，杜梅能不能以侵权为由要求陈建设赔偿呢？我们说不能。因为从杜梅与陈海未婚先孕的行为看，不管对错，是她与陈海之间的事，与陈建设无关，不能要求由陈建设来赔偿所谓的精神损失费。至于她因与陈建设达成生下孩子的协议而延期引产对身体造成伤害的事，也不能成为要求陈建设赔偿损失的理由，因为当时达成协议时，是杜梅自愿的，没有证据证明陈建设使用了强迫或者威胁手段。

因此，杜梅没有继续占有这37万元的法律基础，应当将这37万元返还给陈建设，但是在案件审理过程中，杜梅看到陈建设痛失儿孙的老泪纵横，陈建设也看到了杜梅内心的矛盾和挣扎，他们对彼此的怨恨和不理解随着庭审的进展，而渐渐地消融了。最后陈建设提出，拿出8万元补偿因为自己的坚持而给杜梅带来的伤害和困扰，而杜梅也感动得热泪盈眶，她表示今后会把老人当做自己的亲人来对待。法院最后调解结案。

案件虽然最终和解，但这场天灾人祸带来的反思并不能就此停息。一场猜疑导致陈建设痛失爱子，杜梅痛失男友，已是天灾；而此后腹中胎儿，又沦为一场协商交易的筹码，可谓人祸。其实这场家庭悲剧中，我们很难指责陈建设要求23岁的杜梅未婚生子的“自私”和“不近人情”，也很难指责杜梅拿了陈建设的37万元之后又选择了打胎的“欺骗”和“不守诚信”。人类无法阻止悲剧，但要学会在悲剧中思考，愿天下人都懂得尊重每个生命，无论已经逝去的、还是即将来到的。

危险的艺术家

· 关键词 ·

艺术家　模特　小三　家庭暴力　可撤销婚姻　裸照门

在2009年11月的一天，广西某市的一个基层法院门口，只见一个五十多岁的中年女性和一个二十多岁的漂亮女孩拉拉扯扯。中年女人正用力地把年轻女孩往法院里面拽，一边拽一边还喊着："走，跟我告他去，跟他离婚！你说你这稀里糊涂跟他结了婚，难道还要稀里糊涂过一辈子吗？"这年轻女孩呢，此时是急得涨红了脸，一边使劲地往后赖着不走，一边嘴里还说着："妈，这事你就别管了。这婚我不能离，我也没法离！这辈子我就只能跟他绑在一块了！"说着，眼泪是哗哗地往下掉。

母女俩这一闹，附近的人们也都围了上来，心说这怎么回事啊？都说劝和不劝分，尤其是做父母的，不更是希望孩子婚姻持久、家庭稳定么？可这当妈的，怎么硬拉着女儿办离婚呢？而年轻女人的婚姻又出了什么问题？这婚怎么就不能离也没法离呢？

● 做裸模，爱上雕塑艺术家

这个漂亮女孩叫做范明娜，时年26岁，父亲在她上中学时就去世了，是母亲刘丽一个人辛辛苦苦把她培养成了大学生，所以她暗暗发誓将来一定要让妈妈过上好日子！范明娜学习非常用功，除了自己的专业中文，又学了一门日语。可那会儿正赶上就业高峰，大学生一毕业就等于失业，虽然拿着双学位，她还是苦苦找了三个月工作，却一点儿消息都没有，想到为自己操劳了一辈子的母亲，她觉得没脸回老家，于是一咬牙决定：站马路！不找到工作就不回去！

什么是站马路？原来，一些一时没找到理想工作的大学生，在投简历四处面试的同时，还得解决生活所需啊，于是他们想出了这样的点子——把个人信息写在大牌子上，站在街边上自我推荐，以便找些家教、促销等临时性的工作。这可不是什么轻松的事，范明娜总是站上好几天，才能找个两三百块钱的活儿，而更多的时候，是面对过路人好奇和怀疑的目光。但没想到范明娜站马路的第二个月，幸运竟然从天而降了。

这天，范明娜在马路边上站了一上午，可发现不远处有个三十多岁的男人，一直在偷偷地打量自己，好半天，男人才上前说："我叫梁东，搞艺术的，有几个客户是日本人，所以想学点日语，每小时100块请你做家教！"范明娜一听价钱出得高，再看男人也不像个坏人，于是半信半疑跟着他来到一个工作室。一进门，果然满屋子的雕塑、素描，还有未完成的油画，充满了美好的艺术气氛，范明娜这才放下一颗心。

从这天起，范明娜有板有眼地教了起来，梁东待人彬彬有礼，学费也按时结算，但很快，范明娜就发现学日语根本就不是梁东的真实目的，怎么回事呢？

这天上完课，梁东主动提出说："我给你画个素描吧，你五官比例特别好，简直是个天生的模特！"范明娜特高兴："梁老师您说真的吗？我能当模特？"梁东说："当然！其实我当初找你，就是想让你当我的模特！"梁东想请自己当模特？这么个好差事当时怎么不直接说呢？范明娜纳闷了。这时梁东才终于说出了自己的真实目的。

原来，梁东要为一个公园做一尊大型的圣女雕塑，却一直没找到合适的人体模特，正发愁，这天却在街上看到了范明娜。只见一袭连衣裙的范明娜站在阳光下，充满了青春活力，又有种冰清玉洁的脱俗气质，梁东当时就被震撼了，她就是自己心中的圣女形象！可毕竟做人体模特很多人都不能接受，梁东只好灵机一动使了个迂回战术，"曲线救国"，先让范明娜当家教，再找机会说正事。

这回范明娜可听明白了，梁东是要她做裸体模特啊！想到要在一个陌生男人面前毫无保留地展示自己的身体，她想都没想就拒绝了。可梁东却特别恳切："我担保不会对你有什么非分的想法，我们可以签合同！而且，一小时500块钱，每天工作4个小时。就是你找到工作，也没有这么高的待遇啊！"范明娜听说收入这么高，有些动心，回去想了一夜，觉得这段时间相处下来，梁东还是很老实的一个人，而且当人体模特是为了艺术，又不是什么乌七八糟的事儿，于是最终接受了梁东的雇佣！

合作开始后，梁东充满了创作的激情，两三天就用塑泥做出了圣女像的草稿，对方对他的作品赞不绝口。梁东高兴地拿出一万块钱给了范明娜："你三天的工资是六千块钱，剩下的是我给你的奖金。希望你能够继续给我做模特。"范明娜这回干脆了："行！这个工作挣得多，还能展示我的美，而且我相信梁老师的人品，以后我们就长期合作吧。”这以后，梁东无论是雕塑、素描、油画都用范明娜当模特，甚至还给她拍过一组人体写真照片。可很快，他们的合作关系就发生了质的变化。

这天梁东作完画，突然抱住了范明娜，说：“明娜，我喜欢你！你是我见过最美的女人。”范明娜虽然长得漂亮，但母亲从小看得紧，她连恋爱都没谈过，更别说跟男人亲密接触了，这一下子慌了神：“梁老师你不能这样，咱俩可是签过合同的。”梁东说了：“合同是死的，可爱情是活的，我真的爱上了你！你看大雕塑家罗丹和他的模特就是这种关系，我希望我们的爱情也能变成伟大的艺术。”范明娜被梁东这一番浪漫多情的话给说得晕晕乎乎的，再加上她本来就对眼前这个才华横溢的艺术家深有好感，所以半推半就，两个人就在工作室里发生了关系。

● 知内情，女孩怒斩情丝

这以后，两人更是整天黏在一起，除了艺术创作，他们在生活上也相互照料起来，梁东更是提出了结婚的请求，然而就在两人的感情到达顶点时，范明娜的母亲刘丽却一个电话打了过来，劈头就骂：“死丫头！你怎么能干出这种丢人的事呢？梁东的老婆电话都打到咱家了！”什么？梁东的老婆？范明娜当场就傻了，心说：怎么可能呢？这半年来，自己几乎每天都和梁东在一起，根本就没见他有老婆啊？他不是还要跟自己结婚嘛？当下范明娜就给梁东打电话对质。结果梁东总算是说了实话。

原来，梁东早就在老家娶妻生子，但因为和妻子长期分居，早已没了感情，自从爱上了范明娜，他就跟老家的妻子提出了离婚。

梁东反复强调："我已经起诉离婚了，离完了我就娶你！"可犹如遭到晴天霹雳的范明娜，无法接受这样的解释，母亲刘丽也说："这男人不是个好东西！必须马上跟他一刀两断！"这一来，范明娜不告而别，换了手机号，在家休养了一段时间后，在母亲的陪同下，来到了广东的一座城市。

这次的事情让范明娜变得成熟了，她很快找到了一份不错的工作，母女俩以为日子将会慢慢平稳下来，可没想到，她们的生活再次被打乱了。

这天傍晚，母女俩在小区里散步，突然一个男人拦在了她们面前，这不是梁东又是谁呢！范明娜愣住了，可梁东竟当众跪了下来："明娜，我是真的爱你，这半年来我一直在找你！你看，我已经离婚了！"说着他真就递上一本离婚证书，刘丽接过来一看，果真，三个月前梁东已经离婚，但刘丽还是拽着女儿回头就走，一边还说："丫头，你可别心软啊。告诉妈，你该不会还喜欢这个男人吧？"范明娜斩钉截铁地说："不可能！虽然他离婚了，但这种人，现在能抛弃前妻，将来就能抛弃我。我对他已经没有感情了。"刘丽听了这话，才算放下心来。可她万万没想到，可怕的事情很快发生了。

● 扑朔迷离，难离的婚姻

这天，范明娜下班回来，说："妈，你别怪我！我今天跟梁东登记结婚了！"刘丽一听脑袋就炸了："你不说不爱他了吗？怎么突然结婚了呢？"范明娜说："他都为我离婚了，肯定是真的很爱我，妈你放心，我会幸福的。"更让刘丽震惊的是，范明娜又接着说："还有，我已经辞职了，明天就跟他走，您先回老家吧，等我安顿好再接您过去。"看到女儿都安排好了，刘丽还能说什么呢？真是女儿大了不由娘啊!

第二天一早，梁东就过来，和范明娜一起把刘丽送到火车站，然后跟梁东回到了他的城市。这边刘丽回去后，越想越不放心，三天两头给女儿打电话，范明娜每次都说：“梁东对我挺好的，就是我还没找到工作，现在还不能接您过来，再等等吧。”然而这一等，就是八个月，刘丽再也坐不住了，心说女儿不让我去，我自己去还不行么？

可等她好不容易找到了女儿女婿的住处，敲开门一看，刘丽简直不敢相信自己的眼睛：屋子里被砸得乱七八糟，女儿眼睛哭得红红的不说，眼眶下面竟然还有一大块淤青。范明娜见到妈妈一下子号啕大哭起来：“妈，我不想跟他过了，可我一提离婚，他就打我！”刘丽心疼啊：“我早说这男的不是什么好东西，走，咱们现在就去法院跟他离婚！”就这样刘丽拽着女儿到了法院门口，接着就发生了开头看到的一幕，范明娜头先说不想跟梁东过了，现在怎么又说什么也不同意离婚呢？还说自己一辈子都要和梁东绑在一起！这也太蹊跷了！在母亲的逼问下，她才终于说出了自己火速结婚的真相！这个真相简直可以说是骇人听闻。

原来，梁东被拒之后没两天竟出现在了范明娜公司的门口，硬是把她拉进了一个小餐馆，把一个牛皮纸袋往桌子上一甩：“要是不跟我结婚，我就把这个袋子里的东西发给你们同事、领导，他们一定会喜欢的！”范明娜打开纸袋吓得脸都青了，那里面都是她当初拍的人体照片，虽然充满了艺术美感，但毕竟是裸体，要是流传出去，自己今后可怎么做人啊！梁东一把拉着她的手：“明娜，我是太爱你了才这么做的？只要你现在跟我去登记，我保证不给任何人看！”范明娜眼泪一下子就流了下来，哭了好一阵，她才说：“走吧，我听你的。”就这样她才任凭梁东摆布，结了婚，回了老家。

婚后，范明娜也想过跟梁东好好过，可一想到梁东对她的欺骗和威胁手段，她就觉得这个男人很可怕，为了所谓的爱什么事都做得出来，另一方面，她也在寻找机会把底片拿回来，可一次梁东酒后吐出的真言却浇灭了她的希望："你就跟我好好过吧，底片我已经锁在银行保险箱了，你拿不到，谁也拿不到！"这之后，范明娜觉得自己犹如行尸走肉，几次她试着提出离婚，梁东都暴跳如雷："为了你我跟前妻离了婚，背了骂名，你想甩我门都没有，再提就打死你，还要把你的裸照发到网上去！"

听了范明娜的哭诉，刘丽简直不敢相信，女儿竟然遇到了一个以爱情为借口的丧心病狂的男人，当下就说："孩子呀，那些照片说到底是艺术，就算有一天他真的公布出去了，妈也不觉得丢脸！你可不能耽误了自己一辈子的幸福啊，这个婚妈支持你一定得离！"有了母亲的支持，范明娜也不怕了，很快在母亲的陪同下来到法院提起了离婚诉讼。

由于涉及隐私，法院对这个案子进行了不公开审理。法庭上，范明娜声泪俱下地讲述了自己与梁东从认识到结婚的经过，对法官说："要不是当时他拿着那些裸照威胁我，说要发给领导和同事，我是不会跟他登记的！现在我一想起这事，就觉得堵得慌，这日子哪还过得下去？请法院判决离婚，让我从噩梦中解脱出来！"法官一听，问梁东："原告说的是不是事实？你有没有拿这些照片威胁过她？"梁东说："那怎么是威胁呢，我只是吓唬吓唬她而已，因为我太爱她、太在乎她了，当时她母亲反对，我不拿照片逼她一下，她下不了决心！"法官听了双方的陈述，对范明娜说："你们这种情况，属于可撤销的婚姻。你现在提出的诉讼请求是离婚，要不要变更诉讼请求？"范明娜听了心里更乱："这可撤销的婚姻是什么意思？和离婚有什么不同吗？”原本，她不想让人知道裸照的事，没想请律师，现在听法官一说，觉得里面大有文章，于是当庭要求回家考虑一下。出了法院她赶到律师事务所，将情况如此这般地对律师一说，律师就向她解释了可撤销的婚姻是怎么一回事。

》法点链接：可撤销的婚姻

可撤销的婚姻就是在意思表示不真实的情况下成立的婚姻，可以通过行使撤销权来使这个婚姻关系失去法律效力。在我国民事法律关系中可撤销婚姻只有一种，就是因胁迫而结婚的——本来不愿意与对方结婚，可是因为受到他人的胁迫才违心与对方结婚，这就违背了我国婚姻法的婚姻自由原则。

我国婚姻法第十一条规定：“因胁迫结婚的，受胁迫的一方可以向婚姻登记机关或人民法院请求撤销该婚姻。受胁迫的一方撤销婚姻的请求，应当自结婚登记之日起一年内提出……”因为有的人虽然结婚当时是被迫的，但婚后两人建立起了感情，小日子过得挺好，所以法律规定受胁迫一方有撤销权，可以在一年内行使，也可以不行使，接着往下过日子。

听到这里，范明娜一算，从领结婚证到现在八个月，自己的婚姻应该可以撤销，但请求撤销婚姻与请求离婚不都是分手吗？有什么不同呢？律师回答：“一旦法院判决撤销了你与梁东的婚姻关系，你就相当于从来没有结婚，没有婚史。而离婚则属于离异，你以后户口上登的都是离异。但我要提醒你，如果婚姻被撤销了，你们就是同居关系，可以分割的财产远远少于婚姻关系。”范明娜说：“这个婚姻对我来说是个耻辱！就是一分钱不拿我也要撤销它！”

很多老百姓遇到婚姻登记程序存在某些瑕疵，比如一方使用虚假身份证件，以骗取钱财为目的与另一方登记结婚，婚后不久就下落不明等情况的，也会认为是可以撤销的婚姻，这是一个误区。新出台的《最高人民法院关于适用〈中华人民共和国婚姻法〉若干问题的解释（三）》第一条规定：“……当事人以结婚登记程序存在瑕疵为由提起民事诉讼，主张撤销结婚登记的，告知其可以依法申请行政复议或者提起行政诉讼。”这种情况不是提起撤销婚姻的民事诉讼，而是提起行政诉讼，请求撤销结婚登记，是两种完全不同的法律关系。而能够提起民事诉讼请求撤销婚姻的，现在只有本案中涉及到的“因胁迫结婚的”一种情形。

于是范明娜到法院变更了诉讼请求，提出撤销与梁东的婚姻关系并依法分割同居期间的共同财产。这一次，梁东反应相当激烈：“我一没有打原告，二没有捆原告，三没有用刀逼原告，只是用照片吓唬了一下她，怎么是胁迫呢？她与我一起到民政局填表、宣誓，就表明她是自愿的。如果不是自愿，她早跑了！”

梁东如此理直气壮，把范明娜给噎住了，那么用裸照吓唬算不算是胁迫呢？

》法点链接：婚姻法上的胁迫

《最高人民法院关于适用〈中华人民共和国婚姻法〉若干问题的解释（一）》第十条规定：“婚姻法第十一条所称的‘胁迫’，是指行为人以给另一方当事人或者其近亲属的生命、身体健康、名誉、财产等方面造成损害为要挟，迫使另一方当事人违背真实意愿结婚的情况。”

本案中，梁东扬言如果不与他结婚，就将范明娜的那些裸体照片散布出去。试想，一个未婚青年女子的裸体照片一旦出现在身边的领导与同事手中，其后果必然会严重损害范明娜的名誉，对其工作、生活等方面必然产生或多或少的负面影响。而范明娜正是为了避免这种后果的发生才违心地与梁东登记结婚。所以，梁东的行为可以认定为胁迫。

此时的梁东有些发慌，干脆把重点转移到财产分割上来了："既然你要撤销婚姻，那咱俩就是不是夫妻了，就不能分割我的财产！房子是我结婚之前就有的，二十几万元的存款，大部分也是我婚前的积蓄，我们结婚才 8 个月，也就只有 4 万块是这段时间挣的，但那也是个人的财产，你范明娜要撤销婚姻就不能分！"

梁东说得对么？我国婚姻法第十二条规定："无效或被撤销的婚姻，自始无效。当事人不具有夫妻的权利和义务。同居期间所得的财产，由当事人协议处理；协议不成时，由人民法院根据照顾无过错方的原则判决。……"《最高人民法院关于适用〈中华人民共和国婚姻法〉若干问题的解释（一）》第十五条更是明确规定："被宣告无效或被撤销的婚姻，当事人同居期间所得的财产，按共同共有处理。但有证据证明为当事人一方所有的除外。"那么便可以得出如下结论：第一，当婚姻被撤销，同居期间的财产如果没有证据证明是一方所有的，法院就按共同共有的原则来处理，也就是一人一半；第二，对于受到胁迫的一方，在分割财产时是要予以照顾的。本案中，房子梁东是提供了房产证证明是在婚前购买的，存款呢，从银行的资金流水单上可以看到，其中 23 万是婚前进账的，4.2 万元是婚后进账的，那么这 4.2 万元梁东没法证明是他个人所有，就应当被认定是共同所有的，予以分割。

最后，法院经过审理，认为梁东以散布范明娜的裸照相要挟，使范明娜与他结婚属于胁迫行为，遂判决撤销了他们的婚姻关系，又认定他们婚后所得4.2万元属于共同财产，本着照顾无过错方的原则，判决其中3万元归范明娜所有。

拿到判决书后，范明娜和母亲再次离开了这个伤心地。有句老话说，“捆绑不成夫妻”，意思是婚姻需要你情我愿，而不少文明的现代人仍然在践踏婚姻自由的原则，像本案中梁东以侵害恋人的名誉相要挟，虽然一时如愿，但最终还是要面对法律的宣战。另一方面，年轻女性要珍惜自己的美，不怕为艺术献身，但就怕为“伪艺术”牺牲，从范明娜的遭遇中学会不做沉默的羔羊，坚强、勇敢地捍卫自己的选择。

坠楼新娘

·关键词·

自杀　金童玉女　欺骗　二奶　擅自堕胎　夫妻间的救助义务

2009年4月的一天中午，河北省某市一个小区里，安安静静没几个人，10号楼底下有两个保安正在闲聊。突然他们听到楼上一阵骚动，抬头一看吓了一跳，只见14楼的一户人家窗户被推开了，似乎有个女人正站在窗台上。没等保安反应过来，这女人就像箭一样坠落下来，一头栽到了地上，发出一声重重的闷响，顿时一股鲜血涌了出来。两名保安回过神来，一个赶紧报了警，另一个马上通过对讲机呼叫物业中心说："10号楼出事了，赶紧派人过来。"这时街坊邻居也已经三三两两地围了过来，一边叹息一边窃窃私语说："这不是老樊家的新媳妇吗？喜事办了不到半年啊，这是出了什么事啊？"突然从楼道里冲出一个二十多岁的男人，扑在这早已断了气的女人身上号啕大哭，看到警车呼啸而来，这男人又扑上前哭喊："我有罪，你们抓我吧！"可后面又追上来两位老人，也是老泪纵横："警察同志，我儿子他没杀人啊，这都是我们的错，要抓就抓我们老两口吧。"

这究竟是怎么回事？结婚不到半年的新媳妇为什么会突然坠楼？是自杀还是被人推下？为什么她老公说自己有罪，而公婆又说是他们的错呢？这新媳妇坠楼究竟怪谁？故事还要从头说起。

● **博士配硕士，留美海归结良缘**

那抱着女人哭喊的就是老樊家的儿子，叫樊勇，时年 29 岁。要说这樊勇可是老樊家的骄傲：留学美国读生物工程，念完了硕士又升博士，可如此优秀的青年在美国一待就是六年，却一直都没有女朋友，一方面由于樊勇眼光高，另一方面也是因为在美留学的中国女孩比例太少。樊家老两口为这事是没少着急上火。直到 2008 年的一天，儿子突然打来电话说："爸妈，我找到女朋友啦！你们肯定满意！"这女孩叫杨月婷，也是本地人，在美国念传媒硕士，不仅学业优秀，人也长得漂亮。放假时，两家人也都见了面，双方都觉得很般配，就商量着等这俩孩子毕业回国，就马上结婚。

转眼就到了 2009 年的 1 月，樊勇和杨月婷终于办婚礼啦！两家人把能请着的亲戚朋友都请来了，场面特别热闹。等到新郎新娘挨桌敬酒的时候，气氛已经被推到了最高潮，尤其是樊勇挽着新娘子给同学、朋友这些平辈敬酒时，大家更是闹得不亦乐乎：有人要杨月婷挨个点烟；有人拿出指甲大小的糖块非让两人一起吃。这难为新娘的招式啊花样百出，可杨月婷落落大方，无论樊勇这些同学、朋友怎么难为她，她都一脸笑容地配合。大家都半是打趣半是羡慕地说："樊勇真是找了个好老婆！"

● 同学话中有话，新郎心生怀疑

可当两人来到樊勇的高中同学这一桌，情况就突然发生了变化。只见一个理着平头的男人一下子站了起来，满脸通红，摇摇晃晃地走到杨月婷身边，说：“谁也别动，这酒我得和新娘子先喝！”大家一听便起哄：“张鹏你怎么回事啊？新娘子敬酒，人人有份，凭什么你先喝啊？”张鹏一笑说：“我和新娘子情分深啊。”樊勇赶紧介绍说：“月婷，张鹏是我高中的好哥们，已经多少年没见了。”可樊勇话音还没落，只听“咣”的一声，杨月婷的酒杯掉到地上，摔了个粉碎，酒也溅湿了她的白色礼服。杨月婷扭头就要走，说：“我去换件衣服。”这时张鹏又开口了：“怎么？新娘子这就害羞啦？当年你可是很开放啊！”谁也没想到，一直满面笑容的杨月婷这时突然冷下脸来，抓过樊勇的酒一下子泼到了张鹏身上。樊勇一看老婆是真生气了，就赶紧赔笑道歉带着她走开了，留下一桌子的人面面相觑。

可是这樊勇心里却越想越觉得不对劲：张鹏虽然是爱起哄，可细细琢磨他的几句话，什么叫“我和新娘子情分深”，“当年你可是很开放啊”？这些话明明是说妻子早就与张鹏认识！并且关系还不一般！虽然樊勇真想马上冲过去问个究竟，但这是在婚礼上，他只好按捺住了。等到第二天一早，妻子按习俗回了娘家，他立马给张鹏打了电话，可人家却推得一干二净说：“喝酒说话哪有准儿啊，我之前压根儿就不认识你老婆！”可张鹏越这么说，樊勇越是怀疑，这明明是此地无银三百两啊，难道两人有过一段情？可要知道杨月婷是个特别保守的女孩，与樊勇在美国相恋一年多，也没放松过一步。直到两人领了证，也就是在婚礼前的一个多月，才第一次有了关系。这样的女人怎么可能在外面有什么呢？

樊勇转念再一想，心里是“咯噔”一下。他突然想起一个之前被忽略的细节，就在他与杨月婷发生关系的当晚，杨月婷突然一把推开吻着她的樊勇问了一句话说：“如果我以前做过错事，你会不会原谅我？”当时樊勇正沉浸在激情中漫不经心地答应着：“是人都会犯错，当然原谅！”可现在回想起来妻子一定是有事瞒着自己啊，再想想婚礼上杨月婷面对张鹏时的反常，樊勇断定他们之间绝对有问题！想到这，樊勇抓起电话就打给杨月婷质问说：“你到底做了什么？你跟张鹏是什么关系？”没想到樊勇这一问，竟戳穿了张鹏那不太高明的谎言。

原来杨月婷与张鹏曾经同在深圳一家工厂打工。张鹏总是借着老乡的身份有事没事就对人家献殷勤。杨月婷根本就不喜欢张鹏，有一次被缠得不耐烦就跟他挑明了。可没想到张鹏吃不到葡萄说葡萄酸，到处放话说杨月婷是个势利的女人，嫌自己没钱才不跟自己好。杨月婷跟樊勇说着就在电话里哭了起来：“我哪想到你们竟然是同学，他还在婚礼上这么让我下不来台，现在连你都不相信我了。”一听这话樊勇赶紧说：“我相信你！我怎么会不相信你呢！这张鹏以前在学校就这样，追不到女孩就说人家不好。等我再见他，非得替你教训他不可！”杨月婷一听反倒劝樊勇说：“他那样的人你越说他，他越带劲，咱们以后躲着点他不就行了吗？只要你相信我，我受点委屈就算了。”就这样小夫妻俩终于又甜蜜如初，恩恩爱爱地度蜜月去了。

两人蜜月的甜还没化尽呢，又一件喜事降临到了这个小家庭：杨月婷怀孕了！本来两人没打算这么早就要孩子，可这个小生命的突然到来乐坏了四位老人，樊家老两口就劝他们说：“你们俩也不小了，现在可是生育的黄金时期，不能再等了。而且我们四个老人都想抱孩子，只要生下来，不用你们管，我们负责带。”就这样小两口也被说服了，决定生下这个孩子。

● 隐秘难隐，新嫁妇命丧新居

自打决定要这个孩子起，樊勇越来越感觉到做父亲的兴奋和幸福了。原来他每天晚上都爱在外面与朋友们喝酒吃饭，现在是天天陪着老婆散步做胎教，应酬的事能推就推。直到有一天，在杨月婷怀孕四个多月的时候，樊勇突然接到了张鹏的电话：“老同学，这周日我过生日，你一定得带着老婆过来，我要当面给她赔个不是。”本来樊勇想推说杨月婷怀孕就不去了，可张鹏却说：“她不来可以，你这个博士要是不来就是不给我面子了！”樊勇只得答应了，临出门杨月婷还嘱咐说：“张鹏嘴坏，无论他说什么，你可千万别跟他一般见识。”可这越担心越出事，就在当天晚上，没想到樊勇和张鹏是大打出手。这又是怎么回事呢？

原来那天张鹏的生日聚会上，樊勇不停地劝这个说赶紧结婚吧，又拉着那个说这家啊还得有个孩子。本来樊勇是单纯的高兴，可在张鹏看来难免有些喧宾夺主。这几杯酒下肚，他就看不下去了：“我的樊大博士，你老婆就是个破鞋，这孩子是不是你的还不一定呢，你可别在这儿炫耀了！”这话樊勇哪能听得下去呢？他“噌”地站了起来上去就给了张鹏一拳。张鹏酒意正浓，哪吃得了这亏啊，扑上去两个人就扭打在了一起。等到大伙把两人拉开，他们的酒也醒了大半，樊勇就问：“张鹏你是不是嫉妒啊？就见不得人家老婆孩子好？”被樊勇一刺激，张鹏也顾不得后果了说：“我嫉妒？樊勇我好心告诉你吧，你把她杨月婷当成纯洁天使，可在我眼里，她就是个二奶！”

二奶？这怎么可能？在张鹏的叙述中，樊勇这才了解了妻子的过去。那时杨月婷在深圳的工厂做会计，一天她发现账上竟然少了50万块钱，哭着找到了厂长刘天旺，哀求说："刘老板，是我工作失职，求求你千万别报警，这钱我拼了命也会还给你的。只要你不送我去坐牢，你让我做什么事我都答应。"刘天旺却安慰说："我不会报案的。其实我一直挺喜欢你，只要你跟了我，这钱就一笔勾销。"无奈之下，杨月婷做起了刘天旺的情人。一直到三年后刘天旺又看上了更年轻的姑娘，为了打发杨月婷，就给了她一笔钱去国外读书。杨月婷这才走出那段不光彩的过去，开始了与樊勇崭新的爱情。

杨月婷不是没想过要跟丈夫坦白，可她怕丈夫会嫌弃自己，思来想去她还是决定要把这个秘密埋在心底。可谁想到婚礼当天，她竟然遇到了当年的同事张鹏，引起了丈夫樊勇的怀疑，情急之下才编了故事骗樊勇说张鹏是追不到自己起了报复心理。

可这真相往往是越掩饰越容易暴露。当晚樊勇回到家一进门就直接给了老婆一个巴掌。杨月婷脸上火辣辣的，眼泪"唰"地就掉了下来。她知道事情瞒不住了，只跪在地上哭求说："要不是那50万的亏空，我说什么也不可能跟他。事到如今我也没什么好辩解的，只求你看在孩子的分上就原谅我吧。"樊勇一听到孩子，他的手打不下去了，只能恨恨地一甩手摔门而出，一连两个星期都没有回来。

找不到丈夫，杨月婷只能向公婆求救说："爸、妈，你们就帮我劝劝樊勇吧，就算他真要跟我离婚，我也认了，可总要等我把孩子生下来再说吧。"这樊家二老听了儿媳妇的解释是大吃一惊，想他们老樊家世世辈辈老实清白，可谁承想娶了个儿媳竟是个二奶！这事要是传出去，他们还怎么做人啊？老爷子当时特别激动地说："还生什么孩子呀！赶紧把孩子打掉，你们俩离婚吧。"这话一出，杨月婷是哭哭啼啼地跑出了门。

樊家二老冷静下来，想要把儿子儿媳叫到一起好好商量，这时却发现怎么也联系不上杨月婷了。而当杨月婷再次出现在樊家三口面前时，本来怀孕的肚子明显小了下去，她冷冷地看着樊勇说："我听爸妈的把孩子打掉了，我们离婚吧。"樊勇一把把杨月婷拉进了里屋，锁上房门大吵了起来。老两口正在外面懊悔孩子的事，只觉得里面安静了下来，再一会儿只听儿子一声尖叫："月婷！"出来一看，儿子媳妇都不见了，窗户大开着，往下这么一看，才知道媳妇竟然跳楼了。这就是我们开头所看到的一幕。

这新婚媳妇摔死在自家楼下，是自杀还是他杀？警方立即展开调查。警方首先来到第一现场，也就是樊勇与杨月婷居住的卧室。只见卧室窗户是玻璃封闭式，只有一扇门可以开。现在，这扇窗户门正开着，而窗门下面摆放着一把圆形椅子。警方进行了拍照，采集了椅子与窗户门的把手及窗台上的指纹、手印，警方将这扇窗户门关上再打开，发现这扇窗门的合页生了锈，打开比较吃力。完成现场勘察之后，警方便将樊勇带回警队协助调查。警方询问樊勇："你妻子为什么会摔死在你们房间的楼下？请将经过叙述一遍。"樊勇哭着说："今天早晨，我得知她未与我商量便打掉了腹中的胎儿，非常生气，便拉着她进卧室关上门大吵。我越骂越激动，杨月婷越吵越窝火，最后是我对着衣柜，她对着窗户，两个人背对背伤心哭泣。后来我听到她开窗户的声音，可当我回头反应过来，月婷已经跳下去了。上次吵架她就说活着太没意思了，可谁能想到她真的就这么跳下去了呀！"此时，鉴定结果出来了：窗台上的手掌印是杨月婷的，门窗上也只有杨月婷一人的指纹。最后，警方排除了他杀，结论是自杀，便将樊勇放了。

办完了女儿的后事，杨月婷的父母越想越悲痛，一纸诉状把樊勇和樊勇的父母告上了法庭，可杨月婷是自杀，要告这女婿和亲家什么呢？

原来他们认为女儿是在与女婿吵架过程中跳楼自杀的，女婿发现女儿有跳楼打算时，并没有及时阻止，更没尽到保护义务；而樊勇的父母没有对二人吵架进行劝阻，所以他们对女儿的死亡都负有责任。杨家老两口认为是三个被告不作为的行为侵犯了女儿的生命权，对他们造成了极大的精神损害，要求三被告赔偿包括死亡补偿金、精神抚慰金在内各项损失 30 万元。

开庭那天，杨月婷的母亲由丈夫搀扶着走进法庭，伏在桌子上不停地痛哭，杨月婷的父亲则老泪纵横地读着起诉状。樊勇的父母则低着头不作声。樊勇哭泣着说："月婷走了，我也很难过。但是，要我对月婷的死亡承担赔偿责任，我有点想不通。在月婷跳楼之前，她虽然说过不如死了算了，我认为这只是一句气话，总不能要我为她一句气话 24 小时寸步不离守着她吧？后来她突然跳楼，我没有预见能力，所以无法进行救助，这不是我的错。再说，月婷她是受过高等教育的成年人，她应该对自己的行为负责，而不需要我们对她的行为负责。"

原告认为被告作为丈夫在妻子跳楼时没有尽到救助义务，没有保护好妻子，具有过错；被告却认为自己没有过错。所以，本案争议的焦点是被告作为丈夫未制止妻子跳楼是否具有过错？这就要谈谈夫妻间的救助义务。

》法点链接：夫妻间的救助义务

根据婚姻法第四条规定，夫妻应当互相忠实，互相尊重；家庭成员间应当敬老爱幼，互相帮助，维护平等、和睦、文明的婚姻家庭关系。那么在妻子跳楼时，身边的丈夫有没有注意并保护妻子安全的救助义务呢？从法律的角度，答案是肯定的。因为法律规定的互相帮助，除了情感方面的支持和经济方面的帮助外，亦不应排除危急时刻力所能及的救助。另外婚姻法第二十条也规定了夫妻间有相互扶养的义务，扶养义务里就包含着精神照顾的内容。夫妻争吵时，双方相互负有精神上的照顾义务，这里面当然也包含了关注对方是否安全的内容。可见，夫妻之间具有法定的注意并救助的义务，如果因不履行这种救助义务而给对方造成了人身损害，轻者要承担赔偿责任，重者还要追究其刑事责任。从本案来说，当杨月婷婚前当过“二奶”的不光彩经历被丈夫樊勇发现之后，已经处于极大的痛苦之中，加上樊勇的不原谅，已经使杨月婷产生了轻生的想法，多次对樊勇说“不如死了算了”。此时，樊勇对杨月婷的精神状态就应高度注意，并在危险可能发生时对妻子进行救助。

然而，尽管夫妻间有救助义务，在责任认定时，还应该结合具体情况分析负有义务的一方有没有履行这种救助义务的能力和条件。拿本案来说，如果杨月婷跳楼时樊勇不在现场，或者虽然在现场，但杨月婷事先并无轻生的征兆而且跳楼行为是瞬间完成的，那么樊勇就没有这个履行义务的能力和条件，也不存在过错。本案中，根据公安机关的侦查报告显示：杨月婷用以跳楼的那把椅子，本来是放在卫生间的梳妆台前，杨月婷从卫生间搬到窗台前，需要一段较长的时间，而且要从樊勇的面前或者背后经过，而那扇合页生了锈的窗门，连警察拉开都觉得费力，杨月婷不可能在瞬间拉开而且也不可能不发出响声。只要稍加关注，樊勇就可以发现杨月婷在做自杀的准备工作，完全有条件和能力来制止这场悲剧的发生。

分析到此，丈夫对于未制止妻子跳楼是有过错的，但这是多大的过错呢？是否应当承担全部的赔偿责任呢？正如被告樊勇说的，杨月婷作为一个有完全行为能力的人，应该知道生命对于人只有一次，应该珍惜生命。所以，她自己的过错责任是主要的，而作为丈夫的樊勇，未尽夫妻间的救助义务的过错相对来说要小得多，应该负次要责任。至于具体的赔偿数额，则应依据过错责任的大小由法官来裁量。

最后，法院经过审理，认为樊勇未尽夫妻之间的救助义务，对杨月婷的死亡应该承担部分赔偿责任。鉴于杨月婷自身亦有过错且应负主要责任，遂判决樊勇赔偿原告死亡各种损失共计 10 万元。判决樊勇的父母不担责。

案子结束了，樊勇也很快按照判决进行了赔付。但错过也爱过的杨月婷却香消玉殒，一条鲜活的生命无可挽回，也给两家人的生活带来无尽的痛苦。我们不禁要问，婚前的那些秘密是否应当成为我们生命中或说婚姻中无法承受之重，任何的忠贞都是自婚姻的承诺伊始，伴侣的过去是优雅纯真也好，是失足悔过也好，如果尝试用接纳的心态去面对，也许将不会发生这样的悲剧。

遗失的血脉

·关键词·

情人　私生子　千里寻人　亲子鉴定　认祖归宗
遗产分割

在2007年5月的一天，上海市一栋高级公寓里，一个女人抱着孩子正在506室的门口，一下一下不停地按着门铃。她看上去二十多岁，很有几分姿色，却显得非常憔悴，穿着也有些寒碜。看到门里没动静，女人越按越用力，越按越激动，最后竟然一边猛敲着门，一边哭喊了起来："大姐开开门，求求你告诉我他到底在哪儿！我知道他没死，你就让我见他一面吧！"怀里的孩子这时也哇哇地哭了起来："我要爸爸！"这一闹，门终于开了，一个四十多岁的女人站在门口，一脸不耐烦地说："你到底要我说多少次？他已经死了！不信你看看这个！"说着中年女人甩出一张纸来："他要是没死，这些人怎么会闹到法院去争遗产呢？"年轻女人低头一看，这竟是一张法院传票，上面写着：刘贵珍诉方惠遗产纠纷案。年轻女人连连摇头："这不是真的，他不会死的，他怎么舍得丢下我跟孩子啊！"说完一下子晕倒在了地上，怀里的孩子也摔倒了，哇哇哭得更凶了。

这是怎么回事？两个女人口中的"他"到底是谁？和年轻女人是什么关系？若是夫妻，怎么做妻子的连丈夫的死活都不知道呢？而法院的传票和遗产官司又是怎么回事？错综复杂的关系背后究竟隐藏了一段怎样的往事？我们还得从年轻女人说起。

● 老乡老总争女友

她叫汪巧玲，四年前从老家来到广东一家制药厂打工，是个地地道道的韩剧迷，一有时间就沉浸在男女主人公那种浪漫的爱情中，经常一边看一边哭，甚至因为迷恋韩剧，她自学起了韩语。同宿舍的女工都笑话她，但谁也没有想到，就是这么点韩语底子，竟让汪巧玲打工妹的身份发生了彻底的转变。

这天，厂里通知有韩国客户前来参观，要求全厂员工文明上岗，汪巧玲吃坏了肚子，多跑了几趟洗手间，突然听到有人用韩语小声喊道："哎呀，怎么没有手纸了呢？"汪巧玲还真听明白了，赶紧把纸巾递了进去，这位韩国女客人赶紧道谢，两人用韩语聊着天从洗手间走了出来，正好碰到厂领导和参观团，汪巧玲才知道，那女人竟然是韩国公司老总的太太。

第二天，车间主任来找汪巧玲，说是厂长找她。汪巧玲吓了一跳，心说自己没犯什么错误吧。这厂长叫廖建东，当年 40 岁，为人严肃，可今天廖厂长却和蔼可亲："听说你韩语说得不错。到办公室做我秘书吧，也教教我。"汪巧玲一听慌了："我不做秘书，车间挺好的！"廖建东被巧玲的单纯逗得哈哈大笑："小汪，别紧张！厂里要和韩方合作，我是真心想学韩语，不做秘书，兼职当我家教总行吧？”老板话说到这份上，汪巧玲不好再推辞。从这天起，她每周六都会准时来到廖建东的公寓上课，她很快就发现厂长是一个人住，不怎么收拾屋子，所以上完课她还习惯给廖建东打扫打扫卫生，可汪巧玲怎么也没想到，自己当家教赚个外快竟惹来了一身麻烦！

这天，汪巧玲赶到厂长家，发现廖建东竟然发高烧已经半昏迷了，于是带廖建东到医院打了针，怕夜里有反复，没敢回宿舍，在沙发上将就了一夜。可第二天一早，她就被急促的门铃声吵醒了，一开门，一个巴掌就打在了她的脸上，只见门口站着一个满脸怒气的小伙子：“好啊，你真傍上老总了，还敢在他家过夜，你丢不丢人！”说完抬手又要打。这时廖建东已经退烧，听见动静出来一看，一声呵斥：“想干什么！再胡来我报警抓你！”小伙子说了：“这是我女朋友，你管得着吗！”说着一把拽过汪巧玲就走了。

廖建东愣了一下，这才想起，汪巧玲提过有个老乡叫刘峰，一直追求她，半年前两人开始交往，想必是看到女友一夜没回，这才不分青红皂白动起手来。廖建东虽然为自己造成了这样的误会而内疚，可当他回忆起汪巧玲的悉心照顾，再想想她的天真和上进，不禁惋惜这么好的姑娘怎么摊上个不讲理的男友呢。陡然，他心里生出一种异样的感觉。然而汪巧玲的电话却打了过来，泼了他一盆冷水：“廖总，我要辞职，我要回老家结婚了。”

原来，刘峰把事情添油加醋地告诉了汪巧玲的父母，老人家听说女儿傍大款，气得声音发抖：“你怎么不学好啊！工作也别干了，现在就回家跟刘峰结婚！”汪巧玲孝顺，虽然委屈，但还是答应了。听到这种情形，廖建东脑子里飞快地闪过一个念头，他说了一句：“这样吧，你明天晚上到家来，我给你结一下账！”然而第二天晚上发生的事情竟改变了汪巧玲的命运！

这晚，汪巧玲来了，可门一开，廖建东竟一下子把她抱在了怀里。汪巧玲吓坏了："廖总你这是干什么！我可是要结婚的人了！"廖建东放开手，深情地说："巧玲，你不用回家结婚了，你就留下跟我在一起吧，我很喜欢你！"

原来，那天廖建东挂了电话，直接找到刘峰，要求他跟汪巧玲分手，答应给他一个保安科长的位子，月薪6000元。听说这些，汪巧玲心情非常复杂：其实她对刘峰的感情并不深，相反这段日子以来，对廖建东却有一种心动的感觉，可她又很传统，跟廖建东一起，自己能有个堂堂正正的名分么？她就问："你没有家庭吗？你能娶我吗？"廖建东说："我已经离婚了，两个孩子都跟着前妻住在上海。你要结婚可以，我们回你老家办酒！"得到了承诺，汪巧玲当晚就留了下来，半年后，两人在汪巧玲老家办了一场热热闹闹的婚礼。不久，汪巧玲又怀孕生下了个漂亮的女孩，取名圆圆。

因为生的是女孩，廖建东特别高兴："我那两个都是儿子，早就盼着能有个闺女！"这以后，廖建东请了两个保姆照顾她们母女，一个做家务一个带孩子，幸福的日子一晃三年过去了，汪巧玲觉得一切都太完美了，可没想到这天她却发现了一个令人震惊的秘密！

● 出生证引出的大秘密

原来，这天为了给圆圆办理上幼儿园的手续，汪巧玲在家翻箱倒柜找到女儿的出生证。这是她第一次仔细看这本出生证，这一看，她吓了一跳，因为在那父亲栏中写着的不是廖建东，而是自己前男友刘峰的名字！这是怎么回事？她记得当时自己在产房，出生证的事是廖建东去处理的，他为什么要写上别人的名字呢？她又想起自己婚礼后怀孕生子，一直没去民政局正式登记，后来提起，廖建东也总推三阻四，难道背后真有什么隐情？

汪巧玲越想越不对劲，直接冲去了制药厂质问廖建东。这才得知：廖建东根本就没离婚！虽然分居多年，但他的妻子方惠一直不同意办手续，遇到汪巧玲后，廖建东动了真心，为了抱得佳人，他撒下弥天大谎，并用一场婚礼蒙混过关。听到这儿，汪巧玲哭得天昏地暗："你这个骗子，我不跟你过了！"抱着女儿就往外冲。廖建东起身要拦她，可刚站起来就"扑通"一声，一头栽倒在地上。汪巧玲吓得赶紧把人送到医院，一检查出了大问题：廖建东得了严重的肾病！

汪巧玲只好把委屈放下，悉心照料。可这天她走进病房，竟见一个四十多岁的女人坐在病床边，难道是廖建东的老婆方惠？汪巧玲一惊，刚想往后退，这女人却回头了，看见汪巧玲，竟然笑着招呼说："小汪吧，我是廖建萍，建东的大姐。"原来廖建东让姐姐联系了上海的医院，准备回去做手术。汪巧玲一听说："好啊，我也跟着去照顾建东！"廖建东却说："我这次回去还打算把婚离了，可方惠要是知道有你，肯定不能同意！你就在家等着我吧！"汪巧玲是含泪送走了廖建东，一心盼着心爱人的男人能够健康、自由地归来！可没想到几个月之后，汪巧玲不但没有盼回廖建东，却反而与爱人失去了联系！

● 惊闻死讯，携女千里讨公道

开始，两人还每天通电话，但自从廖建东进入手术观察室，就关掉了手机，说是手术之后再联系，可一个月过去了，汪巧玲始终和廖建东联系不上，她开始怀疑：廖建东是不是与方惠旧情复燃不要自己了？就在这时，电话终于打来了，可那头却是廖建萍的声音：“建东几天前去世了，我给你汇了两万元钱，你好自为之吧！”

汪巧玲愣住了，她一点也不相信廖建东死了，在她心中廖建东的病虽然比较严重，但也绝不可能短短几个月就离开人世。这肯定是又一场骗局：肯定是生病的廖建东被方惠控制起来了，不让他们见面。她只好一遍又一遍地拨打电话，但是廖建东的手机再也没有开机。失去了生活来源的汪巧玲，把保姆辞了，可钱还是用完了，圆圆又哭着要爸爸，此时的汪巧玲感到走投无路，她只好决定去上海寻找廖建东!

没有地址、没有熟人，汪巧玲只能带着孩子租了个一居室，一边打工一边寻找。白天在地铁里卖报纸，晚上一家医院接一家医院地打听，就这样大海捞针地找。功夫不负有心人，这一天，一个四十多岁的女人进了地铁，从汪巧玲的眼前一晃而过，虽然只见过一面，汪巧玲还是认出她就是廖建东的大姐廖建萍，她强忍住激动的心情，一路跟踪，认准了廖建萍的家门。从这以后，汪巧玲就天天上门打听廖建东的下落，可廖建萍坚持说：弟弟已经死亡！汪巧玲当然不信。

这一天，她又带着圆圆上门哭闹。没想到，廖建萍竟然拿出了法院的传票，告诉她说母亲刘贵珍与弟媳妇方惠正在为了廖建东的遗产打官司！原来廖建萍没有撒谎，弟弟手术失败后昏迷了两个月，直到去世也没有留下只言片语，留下的一千多万元财产都掌控在方惠手里，只同意给婆婆刘桂珍 100 万元。刘桂珍早年丧夫，也想多分些遗产，所以把方惠和两个孙子都告上了法庭。汪巧玲看到传票，才相信建东真的死了，经不住打击当场晕倒。

汪巧玲醒来后心想，人死不能复生，伤心也没用，关键是自己和圆圆以后的生活怎么办。她找到律师，律师认为，汪巧玲和廖建东没有办理结婚登记，属于同居，没有继承权。但其女汪圆圆作为非婚生子女，按照婚姻法规定，享有与婚生子女同等的继承权，于是指导她以汪圆圆的名义起诉，要求继承廖建东的遗产。法院受理后将其与刘贵珍和方惠的遗产纠纷合并审理。经过析产、评估，廖建东的遗产为1200万元，没有遗嘱，就按法定继承处理，现存的法定继承人有廖建东的母亲刘贵珍、配偶方惠和两个儿子以及非婚生女汪圆圆，各自应该继承240万元。

然而，这场看起来毫无悬念的官司，却因为汪圆圆的加入变得扑朔迷离，一波三折。双方争议的焦点就在于：汪圆圆到底是不是廖建东的亲生女儿！

开庭时，汪巧玲作为圆圆的法定代理人，声泪俱下："我与廖建东生下圆圆时，根本不知道他没有离婚。就算全世界都不相信我，可千错万错，孩子是无辜的啊，她应该和建东的其他孩子一样，有权继承遗产。"可方惠说什么呢？"你抢了我的老公，还有脸在这里哭哭啼啼装可怜，你凭什么说这孩子就是建东亲生的？你有证据吗？"汪巧玲说："当然有！"说着向法庭提交了一百多张廖建东及汪巧玲母子三人的合影，还有汪圆圆的出生证。方惠一看否认："照片可以用电脑合成，而出生证上不是写得很清楚么，孩子的父亲是刘峰而不是廖建东！"汪巧玲急了："照片是真的，可以鉴定。出生证上的父亲名字是廖建东故意写成刘峰的，但笔迹是廖建东的，也可以鉴定！"方惠又说："我劝你还是免了吧。就算鉴定出来照片是真的，出生证也是建东填的，又能怎样？最多只能证明建东和你住在一起，在你分娩时送你到医院填写了你女儿的出生证，后来又与你们合了影。但你这样的女人，会只有建东一个男人吗，怎么证明这孩子不是别人的呢？”

有人会说，这有什么可争的，这事一做亲子鉴定不就一清二楚了吗？可这个案子特殊就特殊在廖建东已经死亡，其遗体已经火化，且没有留下血液、毛发等任何有效的DNA组织，根本无法进行正常的亲子鉴定。

怎么办？这时汪圆圆的律师提出：根据现代科学，亲子鉴定的被检测对象不仅仅局限于直接相邻的父母与子女两代个体，对隔代和旁系的个体间是否存在亲缘关系也可以作相应的鉴定，为了查明案件事实，特申请法院准予作隔代或旁系鉴定，即提取廖建东母亲或者儿子的DNA组织来和汪圆圆作鉴定。法官当庭征求刘贵珍与方惠的意见，希望能够配合。方惠说：“我们凭什么要配合？什么隔代鉴定、旁系鉴定？真是奇谈怪论！你想都不要想！”刘桂珍也当庭表示不同意配合。

》法点链接：隔代鉴定与旁系鉴定

隔代鉴定与旁系鉴定其实跟我们通常所说的亲子鉴定是一回事，只是扩大了鉴定对象而已。亲子鉴定是判断两个鉴定对象之间是否存在直接的血缘关系，即生物上的父母和子女；而隔代鉴定是判断两个鉴定对象之间是否属于祖孙关系；旁系鉴定则是判断两个鉴定对象是不是同出于一源的亲属，比如兄弟姊妹就是同出于一源即同一个父母。隔代鉴定与旁系鉴定都是间接证明亲子关系的鉴定方法。

法庭上争得非常激烈，那么事情的走向究竟会怎样呢？汪圆圆的血缘之谜能否揭开？此处需要解决两个法律问题。

第一个问题是本案如果没有亲子鉴定结论，而仅凭现有的证据，能否证明汪圆圆就是廖建东的亲生女儿。从证据的角度看，一个重要的原则就是“谁主张，谁举证”，既然原告起诉说其是被继承人的亲生女儿，就得拿出证据。而本案中，汪圆圆的法定代理人汪巧玲提供的合影和写有廖建东笔迹的出生证等证据，正如被告方惠所说存在多种可能性，并且都属于间接证据，不是直接证据，不能证明圆圆就是廖建东的亲生女儿，原告方的举证任务尚未完成。

那么，进行亲子鉴定就成了这个案子的关键。但问题是作亲子鉴定必须要对方的配合，而方惠和刘桂珍已经明确表示不予配合。在这种情况下，需要解决的第二个问题是：在继承案件中，法院能否强制当事人进行亲子鉴定呢？笔者的看法是：不能！

首先，亲子鉴定必须提取当事人的血液或毛发等身体组织，而我国宪法保护公民的人身自由、生命健康在内的基本权利，而民事诉讼法并未授权人民法院可以强制当事人进行亲子鉴定，所以当事人拒绝提供身体组织时，人民法院强制采样将涉及侵权。

其次，据《最高人民法院关于人民法院在审判工作中能否采用人类白细胞抗原作亲子鉴定问题的批复》规定：“对于双方当事人都同意作亲子鉴定的，一般应予准许；一方当事人要求作亲子鉴定的，或者子女已超过3周岁的，应视具体情况，从严掌握。对其中必须作亲子鉴定的，也要做好当事人及有关人员的思想工作。”这也表明了最高司法机关不允许人民法院强制进行亲子鉴定的态度。

这样一来，现有证据就无法证明汪圆圆的身份，最后，法院以证据不足为由判决驳回了汪圆圆的诉讼请求。

明明是廖建东的女儿，却成了无法认定身份的孩子，汪巧玲当然不服，提出上诉，上级法院经过审查，认为原审没有查明事实，裁定发回重审。在重审中，汪巧玲找到刘峰出庭作证说他与汪巧玲之间从未发生过男女关系，从而想推翻汪圆圆父亲系刘峰的说法。

但法院认为即使刘峰不是圆圆的生父，也不足以证明圆圆的生父就是廖建东，仍然判决汪巧玲败诉。

此时的汪巧玲几乎绝望了，但她没有放弃，再次提出上诉。在律师的建议下，她改变了诉讼的策略，提供了廖建东为母女俩承租房屋的合同、交纳房租和水电费的发票以及廖建东为圆圆办理贵族幼儿园的交费手续，并把当年请的两个保姆找来作证说她们是被廖建东请来照顾圆圆的生活的。

律师提供这些证据想证明什么呢？难道照片、出生证上的笔迹都证明不了圆圆是廖建东的女儿，这些交费凭证和证人证言就能证明么？原来，律师提出：圆圆即便不是廖建东的女儿，她也有酌情分得廖建东的遗产的权利，应该适当分得遗产。那么，律师这么说有什么依据呢？什么又是酌情分得遗产权呢？

》法点链接：酌情分得遗产权

我们说公民死亡之后，其遗产一般由法定继承人或遗嘱继承人继承，继承人以外的人一般不能分得遗产。但为了避免被继承人生前扶养的人因被继承人的突然离世而顿失依靠，法律赋予受扶养之人可以请求酌给分得遗产的权利，这就是我们所说的酌情分得遗产权。其实在我国继承法中的确有关于继承人以外的人分得遗产的若干规定。该法第十四条规定：“对继承人以外的依靠被继承人扶养的缺乏劳动能力又没有生活来源的人，或者继承人以外的对被继承人扶养较多的人，可以分给他们适当的遗产。”法律之所以赋予这两种人取得遗产的权利，是因为他们与被继承人之间存在特别的扶养关系，法律从保障人权和弘扬美德的角度，作出了人性化规定。

最终二审法院采纳了汪圆圆的律师的代理意见，认为汪圆圆属于依靠被继承人廖建东来抚养又缺乏劳动能力、没有生活来源的人，应当分得适当遗产，遂判决汪圆圆分得20万元。

关于本案焦点亲子鉴定的问题，2011年8月发布实施的《最高人民法院关于适用〈中华人民共和国婚姻法〉若干问题的解释（三）》第二条第二款对此作出明确规定："当事人一方起诉请求确认亲子关系，并提供必要证据予以证明，另一方没有相反证据又拒绝作亲子鉴定的，人民法院可以推定请求确认亲子关系一方的主张成立。"如果根据新的司法解释，本案中当汪巧玲向人民法院申请亲子鉴定时，如果刘桂珍与方惠没有相反证据又拒绝作亲子鉴定，法院可以直接推定汪圆圆与廖建东亲子关系成立。那么本案将无需经历那么多波折，并且汪圆圆也将作为廖建东的亲生女儿顺利继承240万元，而不是20万元。

纷争虽然在法律的裁决下落幕，虽然20万元和作为廖建东亲生女儿应分得的240万元相比，有着很大的差距，但经历了三场官司的汪巧玲认为这笔钱已经能够保障女儿的正常生活和学习。有句话说得好："肯娶你为妻，才是男人对女人的最高礼赞。"婚姻带给女性的不仅仅是情感的依托，还有利益上的保障。希望"汪巧玲"们都能记住：恋爱要用心，婚姻要用脑，学会过滤欺骗和谎言，也是女人的爱情功课。

沉睡的豪门爱情

·关键词·

豪门女　凤凰男　植物人　巨额财产　监护人

2010年3月的一天清晨，在云南省某市一栋小洋楼的院门口，站着一位西装革履的男士，手里还捧着一大束百合花，可与这身优雅的行头不相配的是，男人正在高声大喊："姐，小倩是我老婆，我有权把她接回去。"这时，小洋楼里走出了一个怒气冲冲的女人，只见她手里还牵着一条汪汪叫的大狼狗。这女人走到了铁门边张口就骂："你这个狼心狗肺的东西，你还有脸上我们家来？你要是再不走，我就放狗咬你。"说着，这女人果然要松开系狗的链子。这时，大狼狗是一个跃身趴在了铁门上，叫得更凶了，吓得这男人紧退两步："别，我走我走，不过我是不会放弃小倩的。"说完便落荒而逃，百合花也是七零八落地散了一地。而看着男人的背影，刚刚还气势汹汹、打算放狗咬人的女人，此时却默默地流下了两行眼泪。

这究竟是怎么回事呢？这男人管这个女人叫姐，又说自己是来接老婆的。那按理推，这男人就是这女人的妹夫，可是这做姐姐的究竟为了什么要把妹夫拒之门外甚至要放狗咬人呢？这男人的老婆又怎么会在姐姐家？为什么自己的老公来了，却连面都不见一下呢？

● 豪门女誓嫁凤凰男

这事还得从这个女人的家族背景说起：这个女人叫胡婷，她的父亲胡海涛，是当地著名房地产集团的董事长。胡海涛早年丧妻，但他的两个千金大女儿胡婷、小女儿胡倩，都是外貌出众，天姿聪慧，简直是他的骄傲。可这两个女儿的性格却是两个极端，大女儿胡婷个性温顺，对父亲言听计从，生意上、生活中都是父亲的好帮手，并在父亲的安排下和一个门当户对的青年早早结了婚。可小女儿胡倩呢，是又独立又叛逆，最向往的就是谈一场跟自己的家族和金钱毫不相关的恋爱，所以每当父亲插手她的终身大事时，她总是坚决对抗。

这一天，胡海涛又给胡倩安排了一场相亲，对方是当地做餐饮生意的大户，姓王。王家三口人是早早地到了，可等到饭菜都已经凉了，也不见胡倩出现，胡海涛的脸色是越来越难看。就在这时，门开了，桌上人是个个儿眼睛一亮盯着门口。胡倩穿着一条飘逸的丝绸连衣裙，打扮得十分亮丽得体，胡海涛正高兴着呢，可再一看，他的笑容就僵住了，女儿竟然还带了一个男人，一边紧紧搂住男人的胳膊，一边脸上笑盈盈地大声宣布："各位，对不起，我来晚了。我给大家介绍一下，这是我男朋友，于浩。"这话一出口，王家三口人一下子站了起来，气冲冲地走出了餐厅。胡海涛当然是又羞又气，把桌子一掀，冲着女儿大吼：“你简直把我的老脸给丢尽了。”说完他也摔门而去。

胡海涛回来后马上找来大女儿胡婷商量对策。胡婷就跟父亲分析说：“这于浩，爸您还不熟悉吗。他大学毕业就进了咱们家公司，28岁做到了销售总监。要说他人长得一表人才，能力也是有目共睹。可是这于浩家里情况您是知道的，相当困难，所以他身上才有那么一股不达目的誓不罢休的狠劲儿。要说把生意交到他手上，咱们放心，可是妹妹交到他手里，还是挺令人担心的。”胡婷的分析和胡海涛心里想的一样：“于浩追求女儿的真正目的到底是什么？金钱？地位？名誉？”想要借着婚姻上位的人，胡海涛是见多了，他发誓绝不让自己的女儿也遇到这样的事，所以他要出狠招，一招斩断于浩和女儿的关系。

这一天，胡海涛把于浩叫到办公室，开门见山地说：“小于呀，你在公司很有前途。你也是个聪明人，千万不要因为个人感情问题影响了你在公司的发展。”于浩一听，脸涨得通红，刚要解释，没想到胡海涛竟拿出一张支票，“啪”的一声拍在了他的面前。于浩扫了一眼数字：“天哪！一百万！”胡海涛很有信心地看着于浩，可没想到于浩却平静地把支票推回到自己的面前，只说了一句：“胡董事长，我对小倩是真心的。我知道你现在不相信我，但是以后你总会知道我是什么样的人。”于浩扔下这句话就出了办公室。胡海涛愣住了，看来这个于浩还挺有骨气，可是他再一想，没准这于浩还有什么别的想法，该不会是放长线钓大鱼吧。总之无论如何，胡海涛是决定了，一定要拆散女儿和于浩。

当天晚上，胡海涛回到家，就见女儿胡倩站在客厅里，见父亲进门，胡倩冲上前去大发雷霆：“爸，你太无情了，你以为用钱就能买走我的爱情吗？难道你因为于浩没钱就要破坏你女儿一生的幸福吗？如果是这样，这个家我也没什么可留恋的了！”胡倩说完就冲出了家门。女儿离家出走了，胡海涛心里十分着急，就让胡婷去打听情况，劝劝妹妹。胡婷回来说：“这丫头脾气倔，我劝了没用。不过，爸你放心，小倩从小娇生惯养，外面的生活她过几天就吃不消了，要不了多久，她就得回来。”胡海涛一听，还真不太担心了，于是按兵不动，一心等女儿回心转意。可谁也没想到，仅仅三个月，胡海涛没有等回女儿，却等到了一张胡倩和于浩的结婚请柬。

● 天灾人祸，家不成家

原来这次胡倩是下定决心挣脱父亲和家庭的束缚，和心爱的人追求自由和幸福，虽然和于浩结婚，生活水平几乎从天上掉到了地下，两人只是租了一套小小的一居室，但那种自由和恩爱却让她过得非常开心，但这样的平静与开心没有持续太久。这天于浩回到家气愤地把一份文件扔在了胡倩的面前：“你爸也太赶尽杀绝了，竟然把我给辞退了，我现在工作都找不到，将来怎么办？”原来胡海涛为了逼女儿回家，使出了杀手锏——断绝两人经济来源，先是冻结了胡倩的信用卡，接着辞退了于浩，又在当地房地产界放出话来，谁敢聘用于浩，就是跟他老胡过不去。可胡海涛又一次失算了，虽然于浩找不到工作，可胡倩却开始到外面打起了零工，每个月一千多元的工资养活自己和于浩，日子的艰难可想而知。这时候胡婷也开始劝父亲：“爸，我看他们是真心相爱的，要不让他们回来吧。”胡海涛也犹豫了，然而就在这时，一场意外突然降临，直接把女儿送回了他的身边。

这一天，胡海涛突然接到了一个电话，于浩的声音颤抖着说：

"爸，你快来医院吧，小倩可能不行了，我们需要钱做手术！"胡海涛一听立即带着大女儿胡婷赶到医院。原来胡倩上班途中被一辆大卡车撞了，虽然保住一条性命，但大脑功能部分受损，医生说有可能变成植物人。胡海涛赶紧把女儿接回了家，于浩也搬了进来。要说起于浩啊，胡海涛就更觉得愧疚了。女儿变成了植物人，于浩却是不离不弃，悉心照顾。胡海涛提出请个专门的保姆，于浩也是礼貌地拒绝了。看着每天女婿给女儿擦身喂饭，样样都亲力亲为，胡海涛百感交集，一方面悔恨当初自己不该把女儿赶出家门发生这样的意外，另一方面也感叹女儿真是嫁对了人啊。

然而，屋漏偏逢连夜雨。偏偏在这个时候，胡海涛的房地产公司因为金融危机陷入了绝境。偌大的房地产集团，陷入了破产的边缘。女儿重伤、事业受创，可于浩对女儿的爱却让胡海涛心里有着最后一丝安慰——也许这疾病和贫困，正是老天在帮自己考验女婿的真心啊。可是很快这最后的一丝安慰也没有了。这天他回到家里，喊遍了别墅也不见于浩的踪影，却在女儿胡倩的床头发现了一封于浩留下的信，上面只简单地写着："爸，我要去外地闯一闯，请岳父和姐姐代我照顾小倩吧。"胡海涛万万没想到，于浩竟然在这个关键时刻扔下了自己和女儿胡倩，他又气又急，突发脑溢血中风了。这样一来胡家的重担一下子就落到了大女儿胡婷的身上。她是一面照顾重病的父亲、妹妹，一面还要强忍悲痛管理濒临破产的公司。胡婷恨于浩抛下了自己的妹妹，气病了自己的父亲，可是她怎么也想不明白这于浩到底是怎么回事，到底是不是与妹妹真心相爱呢？

● **重现身，落跑妹夫包藏祸心**

家里面临着最大的磨难，胡婷将仇恨、气愤和疑问统统埋在了心底，专心照顾病中的家人和家族的企业，在胡婷的努力经营之下，公司的情况有所好转，胡倩的病情也比较稳定。但不幸的是，这一年的冬天，胡海涛没有撑下去，离开了人世，留下了这一对姐妹相依为命。可胡海涛才去世不久，胡家却来了一位不速之客。这一天，胡婷远远地看到一个男人在按自己家的门铃，当这个人转过脸时，胡婷大吃一惊，这不是三年前抛弃妹妹离家出走的于浩吗。胡婷冲上前二话不说给了于浩一巴掌："你这个没良心的东西，你现在回来做什么？我爸爸都被你气死了。"于浩捂着脸委屈地说："姐，我是来接小倩回去的，我在外地挣着钱了，现在有能力能够照顾好小倩了，你就让她跟我回去吧。"胡婷一听，更生气了："三年前我妹妹需要人照顾的时候，你在哪儿！我告诉你，我是不会让你把小倩带走的！"胡婷说完，进了院子就重重地关上了门。于浩接连几天就这样不断地登门道歉、哀求，可胡婷就是不同意他接走妹妹，于浩看到胡婷态度如此坚决，只好以胡婷的行为侵犯了自己对妻子胡倩的监护权为由一纸诉状把胡婷给告了。

可是，法院立案庭的法官却告诉他：必须先通过特别程序宣告胡倩为无民事行为能力人之后才可以提起监护权诉讼。

》法点链接：特别程序

那么，什么是特别程序呢？法院审理民事案件有普通程序、简易程序和特别程序三种，前两者适用于一般的民事案件和经济纠纷案件，而特别程序适用于某些特殊类型的案件，比如：选民资格案件，宣告公民失踪、死亡案件，认定公民无民事行为能力、限制民事行为能力案件和认定财产无主案件等，其最大特点是只有申请人一方，没有原被告双方，而且是一审终审制。

这样，于浩便委托律师代理他向法院提交了宣告妻子胡倩为无民事行为能力人的申请。根据民法通则第十二条第二款、第十三条第一款以及《最高人民法院关于贯彻执行〈中华人民共和国民法通则〉若干问题的意见（试行）》第五条的规定，无民事行为能力人只有不满10周岁的未成年人及不能辨认自己行为的精神病人与痴呆症人。对于植物人是否为无民事行为能力人，目前法律没有规定。但是，随着车祸、触电等事故的增多，植物人也日益增多，据统计全国的植物人有一百多万，且每年以10万人的数字递增。植物人与正常人最大的区别是不能辨认自己的行为，没有预见能力、判断能力和自我保护能力。这一点完全符合法律规定的无民事行为能力人的本质特征。所以，在司法实践中，都是参照民法通则第十三条第一款关于成年精神病人的规定，根据申请人的申请宣告植物人为无民事行为能力人的。所以，法院经过审理，认为被申请人胡倩经鉴定目前无意识活动，丧失了认知能力，属于无民事行为能力。遂判决宣告胡倩为无民事行为能力人。

于浩拿到判决书之后，立即起诉，请求法院判决由自己来行使对妻子胡倩的监护权。

到了法庭上，于浩和胡婷都争着要做胡倩的监护人。于浩说："法官，我是胡倩的丈夫，是胡倩的第一顺序监护人。而被告胡婷却不让我接走我的妻子，妨碍我履行监护职责。我请求法院判决胡婷停止侵权、排除妨碍。"胡婷答辩说："法官，原告在三年前就抛弃植物人妻子，不管不顾，说明他已经自动放弃了监护权。而我在这三年中一直精心照料着妹妹胡倩，胡倩的监护权已经实际转移到了我手中。请求法院指定我为胡倩的监护人。"于浩立即反驳："我三年前怎么抛弃胡倩了？为了承担一个做丈夫的责任去挣钱，而且我当时已经留了信，把胡倩交付给岳父和姐姐照料，这不是放弃监护权而是对监护权暂时的委托，只要自己提出要求，这种委托就应该被中止，自己仍然是妻子的监护人。”胡婷也反驳：“委托？你委托给谁了？你留下一封信就不见了踪影，不是遗弃是什么？”

眼见被胡婷反驳得哑口无言，于浩有点着慌了，他马上向法庭申请一个重要证人出庭作证：“这个人能说明我是个负责任的丈夫！”这个证人叫朱芳，是个二十多岁的年轻女人。法官问：“朱芳，你的职业是什么？”朱芳说：“按摩师。”胡婷心想：这于浩找个按摩师来能证明什么呢？朱芳接下去说了一番话才解开了胡婷心中的疑惑。朱芳说，于浩为了让妻子胡倩早日好起来，专门雇了她教自己学习按摩技术，每天不间断地学习已经一年多了。胡婷心里一惊，如果朱芳说得是真的，法院会不会认为于浩是一个有责任心的丈夫，就把胡倩的监护权判给他呢？这胡婷也不是等闲之辈，马上提出来：“法官，请给我三天时候，我要去核实一下朱芳说的是不是真的。”法院于是宣布休庭，三天后再次开庭。

胡婷出了法院就想，这个朱芳肯定在说谎，没准是于浩雇来作伪证的，于是她立马请了人查实朱芳的背景，两天过去了，调查的结果出来了，让胡婷震惊的是，这个朱芳是按摩师不假，但她同时也是于浩的同居情人。原来于浩当年追求胡倩，也的确因为胡倩让他动心，但他更是看上了胡氏集团的巨大财富，虽然胡海涛不接受自己，但于浩总觉得只要把这段婚姻坚持下去，自己总有被认可的一天，而胡倩遭遇车祸变成了植物人，更是给了于浩表现的机会。可是天不遂人愿，胡氏集团濒临破产，让于浩几乎绝望，不可能得到巨额财富，却还要伺候昏迷不醒的妻子，他思前想后决定出走，后来到了外地，找了一份不错的工作，就和朱芳住在了一起。而这一次，胡海涛去世，还留下了一笔遗产，毕竟瘦死的骆驼比马大，所以于浩决定回来接回胡倩，目的就是要控制这笔还算可观的财产。

胡婷了解到真相，气得浑身发抖，她总算搞清楚了于浩的真面目，揭开了一直埋在心中的疑团。到了第二次开庭，她把调查来的朱芳和于浩的亲热照片、在外地联名购买房产的合同等证据一一抛了出来："法官，鉴于朱芳和于浩的同居关系，我主张对朱芳的证词不应采信。"于浩当场脸色就变了，但他仍然坚持说："不管怎样，我是胡倩的丈夫，她的监护人就是我，这是法律规定的。"

这起争夺植物人监护权的案子，看起来复杂，原被告各执一词，说得好像都有道理。实际上从法律上一分析，就清楚明了了。

》法点链接：监护人的确定

首先，于浩说他是胡倩的第一顺序监护人是否成立？根据我国民法通则第十七条规定："无民事行为能力或者限制民事行为能力的精神病人，由下列人员担任监护人：（一）配偶；（二）父母；（三）成年子女；（四）其他近亲属；（五）关系密切的其他亲属、朋友……"因此，于浩作为胡倩的配偶，确实属于胡倩的第一顺序监护人。

然而，这种监护人顺序也不是一成不变的。要知道，法律设立监护人制度的目的，是为了保护被监护人合法权益，进而有利于稳定社会秩序。如果前一顺序监护人不能很好地履行监护职责则不适宜担任监护人，而由法院指定后一顺序监护人担任监护人。于浩扔下植物人妻子胡倩一去不回，三年不履行监护职责，显然是一种遗弃行为，是不宜担任胡倩的监护人的。《最高人民法院关于适用〈中华人民共和国婚姻法〉若干问题的解释（三）》第八条也对此作出了明确规定："无民事行为能力人的配偶有虐待、遗弃等严重损害无民事行为能力一方的人身权利或者财产权益行为，其他有监护资格的人可以依照特别程序要求变更监护关系……”而胡婷则在这三年中对胡倩精心照料，还请人对胡倩进行专门护理，尽到了监护职责。如果继续让胡婷担任监护人，对胡倩是有利的。

但是，于浩提出了一个观点，说他三年前留信出走，不是丢下植物人妻子胡倩不管，而是将其监护权暂时委托给胡倩的父亲胡海涛和姐姐胡婷。那么于浩的说法能否成立？要解决这个问题首先得明白什么是委托。所谓委托，是一种双务的合同行为，不仅要有一方的委托表示，还要有另一方的接受表示。于浩却是留下一封信，没有与胡倩的父亲和姐姐见面，这种情况是不属于委托的。而且在三年中，于浩杳无音信，胡倩是死是活他从未过问，这种行为应该属于对妻子胡倩的遗弃。再加上于浩已经与朱芳同居，从法律上说是违背了夫妻之间的忠实义务，从感情上说是背叛了胡倩，怎么可能用极大的爱心与毅力来照顾一个不爱的植物人？所以，于浩是不宜担任胡倩的监护人的。

最后，法院经过审理认为于浩在妻子胡倩成植物人之后，先是弃之不顾三年之久，后又与他人同居具有过错，不适宜担任胡倩的监护人，遂判决由胡婷作为胡倩的监护人。

事情到了这里，并没有了结，于浩输了官司仍然心有不甘，很快他再次向法院提出了起诉。这次他要求与胡倩离婚并依法分割胡倩继承其父亲的价值400万元的遗产。那么，配偶一方成为植物人之后，另一方能否提起离婚？

》法点链接：与植物人离婚

从传统美德上讲，夫妻应该患难与共，中国历代都有“七出”、

“三不去”，于浩的行为可能会面临道德的质疑。但从法律上说，在夫妻感情确已破裂、婚姻关系无法继续维持的情况下，任何一方都有提起离婚诉讼的权利。在一方成为植物人的情况下，无法继续夫妻共同生活，婚姻的自然基础已经不存在，继续这种婚姻，对健康的一方也是不公平的。所以，法院受理了这起特殊的离婚案。

由于胡倩系无民事行为能力人，由其监护人胡婷作为代理人出庭应诉。胡婷同意妹妹胡倩与于浩离婚，但说到父亲的遗产，她则向法庭出示了胡海涛的遗嘱，在遗嘱中胡海涛明确表示所有财产由两个女儿平分继承，于浩不得享有任何财产。而根据婚姻法第十八条第（三）项关于“遗嘱或赠与合同中确定只归夫或妻一方的财产”属于夫妻一方的财产的规定，于浩无权主张对属于胡倩的个人财产进行分割。

最后法院判决，准许于浩和胡倩离婚，而胡倩从父亲那里继承的遗产，于浩当然是一分钱也没有拿到。

于浩和胡倩的故事并不常见，可是这样的掺杂了金钱因素的爱情在现实中却比比皆是。其实就像《巴黎圣母院》中告诉我们的，爱情是没有美丑、贫富之别的，只有抛弃世俗的偏见才能获得最后的真爱，而像于浩等人的这类功利型婚姻，往往难以达到通过爱情实现财富的目的。

撞出来的丑事

·关键词·

撞车　情人　报复　故意损坏财物　无效赠与

2011 年 3 月的一个深夜，在山西省某市一栋高档公寓的大楼前，只见一男一女两个人走到了门口的工地上，女人拿起一把铁锹递给了男人，自己又拿起了一把铁锤，说："走，咱们把车给砸了！"两个人冲到一辆奔驰小跑车的跟前，一顿狠砸。很快将奔驰车的全部玻璃以及门皮、门外压条等统统打烂。奔驰车的报警器响了起来，伴随着玻璃的破碎声和金属的撞击声在深夜里面显得格外的刺耳。两个保安一前一后地冲了过来，随即控制了这名女子和她身边的男人，迅速报了警。

我们不禁要问，这对男女为什么要怒砸这辆奔驰跑车呢？他们和这辆奔驰车的主人究竟有什么深仇大恨呢？事情还要从头说起。

● 意外撞车，揭开闹剧序幕

就在一个月之前，市中心临街的“美丽佳人”美容院门口，有一辆不太起眼的捷达车，正在服务员的指挥下倒车。只见这名服务员很职业地一边打手势，一边大声喊：“倒、倒、倒……”可一个“停”字还没说出口，就只听“咚”的一声这辆捷达车撞上了旁边的一辆崭新的银色奔驰小跑车。服务员吓坏了，捷达车上先下来了一个四十多岁的女人，虽然身材有点微微发福，保养得还是很不错的。这边从奔驰车里也下来一个女人，这可是个年轻靓丽的时髦女郎，二十出头的样子，开口就说：“你怎么回事啊？长没长眼啊？”这个四十多岁的女人一看时髦女郎说话怎么这么不客气，可是自知理亏，还是赔不是：“对不起啊，你看我的技术太差了，撞得怎么样啊？还好只是一道浅浅的撞痕。”可是这个时髦女郎一把推开了她的手，说：“别乱动，你认不认识啊，这是奔驰，不是你的破捷达。”她这一喊，中年女人就特不高兴了，这女孩年纪轻轻如此嚣张，刚要开口理论，只听见这女孩拿着手机打电话说：“刘姐，我的车在你美容院门口撞了，你出来看看吧！”

接着就看见美容院的老板刘微出来了，一看这奔驰车被撞得也不是很严重，她就有心当和事老说：“哎呀，你看这真的是大水撞了龙王庙，一家人不认一家人了，来来，我介绍你们认识一下，这位是江露，我大学同学，这位是我们白金卡客户王媛媛小姐。”刘微一看就是八面玲珑的人，转身就对王媛媛说：“今天我做东，请你做美容，给你压压惊。”转身又对江露说：“我说老同学，你开了这么多年的车，技术怎么还不见提高啊！”旁边的王媛媛鼻子里发出了一声冷哼：“那也看什么车，你看她开的这破捷达，开了一辈子最后也得撞墙上去。”

江露本来是个脾气很不错的人，想当年她在大学里可是校花级的人物啊，不光漂亮，也很能干，还是学生会主席呢，可是自从嫁给了她的丈夫张浩明以后，就一心帮着丈夫创业，没顾上自己的事。后来张浩明的公司慢慢做大了，她就干脆辞了职在家里面带孩子、照顾老人，做起了全职太太。江露心想当年我也是很风光的女人，今天竟然在大庭广众之下被这么一个年轻的女孩冷嘲热讽，觉得自尊心受不了，本来还想赔个笑脸给点钱息事宁人，这会儿呢，她也不打算配合了。一下嗓门也高了起来：“我说你这小丫头，年纪轻轻的，口气还不小啊！不就撞了一下嘛，你还得理不饶人了，你报警好了，交警说赔多少我就赔多少。现在开奔驰的多了去了，不是只有你一个人，看把你能耐的。”这王媛媛一看就是从小喝着蜜水长大的，哪受得了这种气啊，嗓子也升了八度：“我没能耐怎么能开最新的奔驰小跑，你有能耐怎么开了一个破破烂烂的捷达啊？不是我小瞧你，你赔得起嘛，再说你都一把年纪了，还来美容院凑什么热闹，你来就来吧，还开个破捷达，开就开吧，还撞奔驰身上了，我说你是不是仇富啊。”这时刘微也听不下去了，又和稀泥地说：“咱们都是好姐妹，别伤了和气。我这个同学也不是没钱的主儿，家里老公开的公司大着呢，你就说个数吧，合理的话，她肯定会让你满意的。”这时的王媛媛轻蔑地看了江露一眼：“那行，看你刘老板的面子上，算我倒霉，你就赔个两万吧！”这让江露吃了一惊，没想到，就这么一点小的划痕，王媛媛竟然好意思开口就要两万，可是自己刚才已经说了要多少赔多少，这会要是改口还真会被这个嚣张的女孩给看扁。这时周围围观的人也越来越多了，一个劲儿地在起哄，说：“赔啊，赔啊。”江露只觉得无地自容，气得浑身直打哆嗦，掏出手机就想给老公张浩明打电话，可是再一想老公今天说了，要和客户谈一个重要的项目，没事别找他。江露一想，那就给自己的弟弟江伟打吧："姐姐这出了点事，你赶快带两万块钱到美容院这儿来。"

- **看似和平收场，实则另有内情**

很快一个人高马大的小伙子满头大汗地钻进了人群，围着那辆奔驰车一连转了三圈，走到了王媛媛面前，说："我说你人长得蛮好看的嘛，心怎么那么黑呢？不就给撞了一下嘛，张口就要两万，我说你这是敲诈啊还是穷疯了啊？别说两万了，就是两千我也不想给你。"本来占了上风的王媛媛，这会儿看见江露竟然搬来了救兵，再看看眼前的江伟，要肌肉有肌肉，要力气有力气，也不好硬碰硬，就对江露说："你以为叫个男人来，这钱就能不赔了，就你们家有男人，我们家就没有了？你等着！"说着开始打电话："老公，我在这边被人欺负了，你赶紧来啊！"江露就说："叫你老公来，我们也不赔。"两人你一言我一语吵得更凶了，周围看热闹的人也是来越多。刘微这会儿稀泥已经和不上了，也急得不知道该怎么办好。

就在这时只见一个四十多岁的男人扒开人群钻了进来，大声地嚷嚷："你们怎么回事？谁欺负了我老婆？"一时间，江露、王媛媛、刘微三个女人齐刷刷地把目光投向了这个男人，还是江露反应最快，上去一把挽住男人的手："老公你怎么来了？你怎么知道我出事儿了？"只见这男人似乎是愣了几秒钟，很快就指着刘微说："那不是刘老板叫我来的嘛！"江露是一脸的喜色，得意地冲着王媛媛说："怎么样？还说叫你老公来，不知道你那个是什么野老公，到现在也不敢露脸。"这王媛媛气得是满脸通红，可是和刚才那种嚣张的态度不同，她似乎是有点蔫儿了，只是鼻子里面冷哼了一声，也没再说什么。

可是江露本以为丈夫会帮自己教训那个时髦女郎一顿，可没想到张浩明听刘微把事情一说，就打开包痛痛快快地拿出两万块钱，递给了王媛媛："行了行了，就这么点小事儿，把钱给了不就得了。"说完拽着江露就要走，转脸又对江伟说："你也该干什么干什么去！别跟着你姐瞎凑热闹。"

等江露夫妻回到家，那当然是免不了一顿大吵，江露就觉得奇怪："我说你今天是抽什么风啊，平常看你做生意都小心翼翼的，就没见你这么大方，不就撞了她那辆车一下嘛，凭什么给她两万啊，你是不是看她长得漂亮，怜香惜玉啊！"张浩明愁眉苦脸地说："我不是同情那个女人，我是怕丢不起咱们这脸，好歹我也是一个公司的老总，你也是老总夫人，谁知道刚才看热闹的人里面有没有咱认识的，这事传出去多丢人啊，不就是两万块钱嘛，这叫息事宁人，花钱消灾，你懂不懂？"

● 手机暗藏玄机，悍妻怒砸豪车

江露被丈夫一阵抢白，也说不出什么来，可她一夜都没睡好，一方面是心疼那两万块钱，觉得太不值得了；另一方面是不服气王媛媛那种嚣张的态度，尤其是想起她嘲笑自己开的车、嘲笑自己年龄大，心里就有一团火在烧。想了一夜，她觉得要去找王媛媛把两万块钱要回来，不过怎么找到这个女人呢？这王媛媛不是"美丽佳人"的老顾客嘛，上同学刘微那一问不就知道了。这边刘微一看江露还没完了，就劝："我也觉得那小姑娘太蛮横了，不会做人，不过我觉得这事大事化小，你就别再去闹了。"江露一听，说："我就是要个电话号码，不干什么，你放心吧。"刘微也不想得罪江露，只好把王媛媛的手机号码报出来了。

江露拿到这号码以后倒也没有着急打，回到家干干家务、接接孩子，到了晚上按捺不住了。她心想，即使这钱要不回来，也得骂王媛媛一顿，可是她拿出手机一看，没电了，再瞅客厅桌子上放着丈夫张浩明的手机，随手拿起来对着里屋喊了一声："老公，我手机没电了，用你手机打一个电话。"张浩明在里屋应了一声，江露就把王媛媛的十一位手机号码输入了手机，按了一下通话键，可是手机屏幕上却突然从11位数字变成了两个汉字"小王"。这让江露吃了一惊，赶紧挂断了电话，怎么回事？正常情况下，屏幕上显示的应该就是这一串11位数字的手机号码，现在怎么变成"小王"两个字了呢？难道说丈夫认识这个号码，曾经以小王的名字存储过，难道丈夫和王媛媛之间有什么关系吗？江露不敢往下想，而是用颤抖的手再次播出了号码，响了两声之后，电话的那头很快传来了一个娇滴滴的女声："老公，你总算给我打电话了。"江露像被蜜蜂蜇了一样，赶紧把电话挂了，她呆呆地坐在沙发上面，深深吸了一口气——看来丈夫张浩明和王媛媛的关系绝不简单，难怪那天张浩明会突然出现在现场，又难怪他会那么痛快地给了两万块钱。天啊——难道王媛媛是丈夫的情人？

江露这一想，就冲到美容院，跟刘微一说，刘微也吓了一跳："我对天发誓我不知道这件事，王媛媛是去年夏天来我们这做美容的，一出手就特别大方，买了三万块钱的美容卡。我们家的美容师和她聊天的时候，老听她说自己的老公对她有多好，今天给她买手表，明天给她买项链。可是没听她说过她老公叫什么，我们也没见过她老公的面。我当时看她那种打扮和那娇滴滴的样子是挺像个情妇的。可我哪能想到她和你们家浩明有关系啊，你说这事也太巧了吧？”江露说：“那你看我现在怎么办呢？找她问个清楚？”刘微就说：“我看你还是先别冲动，你不也没看见他俩在一块嘛，等有证据再说吧！”就在这个时候，美容院的前台接了一个电话，只听她说：“哦，王媛媛小姐呀！你好，晚上八点过来是吗？好的，我们等你啊！”这个电话让江露心里一亮，正愁找不到王媛媛呢，这会儿机会不就来了嘛，她不动声色地跟刘微告别，躲进了自己的那辆捷达车里面。一直等到八点钟，她看到王媛媛一扭一扭地走进美容院，两个小时以后，王媛媛又踩着高跟鞋特得意地出来，开上她那辆银色的新款奔驰小跑。江露发动车子跟了上去，果然她最不想看到的事情发生了，她看到王媛媛竟然把车一直开到了自己老公公司的楼下，张浩明春风满面地走出来，一头钻进了奔驰车。两个人搂搂抱抱，腻了好一会儿，车子才向前开去。江露一直跟着他们来到了一栋高级公寓，张浩明很有绅士风度地给王媛媛开门，搂着王媛媛的腰朝这栋公寓走去。

此时的江露再也忍不住了，气得都快抽筋儿了，冲上去先是一把揪住王媛媛的头发，狠狠地抽了她一个耳光说：“打死你这个不要脸的女人。”旁边的张浩明一看，一手拽住了江露，一手护住王媛媛，说：“你别在这闹了，咱们回家再说。”没想到王媛媛年轻气盛，不但不躲，反而冲上来对江露是又撕又扯的，说：“你这个老女人，你老公都不爱你了，你还在这撒什么泼啊！”江露一听受了刺激，扑过去就要掐王媛媛的脖子，说：“我老公怎么不爱我了？我们是十几年的夫妻了，你算什么？”王媛媛也不甘示弱地说：“你看看你开的是一辆破捷达，我开的是最新款奔驰，你说你老公爱谁吧？”这江露一听简直是气疯了，往王媛媛的脸上又抓又挠，很快王媛媛的脸上红一道、白一道的。旁边的张浩明一看，江露就像一头失控的母狮子，他也没有办法，只好赶紧先护着王媛媛，两人就往公寓的楼道里面冲，保安也围了上来说："别在这闹事儿，赶紧走。"

这时的江露也没有办法，转身开着车就一路狂奔来到弟弟江伟家，进门就哭，把前因后果跟弟弟一说，这江伟的火比江露还要大，一拍桌子说："走，咱们找他算账去。"接下来，便发生了故事开头所发生的一幕。

这时的王媛媛和张浩明正在公寓里商量对策呢，却突然接到了保安的电话，说她的奔驰车被砸了，两个人吓得马上冲下楼来。张浩明一看砸车人竟然是自己的老婆江露，赶紧要求保安放人，可是警方已经赶到了现场，王媛媛特激动："警官，这个女人砸了我的车，快把她抓起来。"说着，拿出汽车行驶执照交警方查验。而一旁的张浩明却苦苦哀求："警察同志，这都是误会呀，这车是我给王媛媛买的，那得算我们家财产啊。我妻子砸自己家财产总不犯法吧！"警察说："你说汽车是你的，可这行车执照上的车主明明写着王媛媛的名字，请不要妨碍公务！"于是把江露、江伟都带走了。

回到刑警队，江露、江伟对砸车的事供认不讳。经价格检验中心鉴定，奔驰车的损失价值为28090元。公安机关经过侦查认为江露、江伟涉嫌故意毁坏财物罪，向检察院移送起诉。很快，检察机关以江露、江伟涉嫌故意毁坏财物罪向人民法院提起了公诉。张浩明一看事情闹大了，赶紧给江露聘请了律师。

» 法点链接：故意毁坏财物罪

故意毁坏财物罪是指故意毁灭或者损坏公私财物，数额较大或者有其他严重情节的行为。我国刑法第二百七十五条规定，故意毁坏公私财物，数额较大或者有其他严重情节的，处三年以下有期徒刑、拘役或者罚金；数额巨大或者有其他特别严重情节的，处三年以上七年以下有期徒刑。一般情况下，毁坏财物数额不大，情节不严重的，按照普通违法行为处理，只有当数额较大，或者情节严重的才构成犯罪。

到了开庭的那一天，公诉人说："两被告明知奔驰车是他人的财物，而故意采用暴力任意损毁，造成了28090元的财产损失，到了数额较大的标准，所以构成了'故意毁坏财物罪'。"

可是江露的辩护人却出人意料地指出，被告人江露的行为不构成故意毁坏财物罪。理由是：故意毁坏财物罪侵犯的对象是他人的财物。而这辆奔驰车的购车款86万元是被告人江露的丈夫张浩明赠与王媛媛的，而这86万元钱是被告人江露和张浩明的夫妻共同财产。所以，被告人江露砸的奔驰车不是受害人王媛媛的财产，而是被告人江露和张浩明的夫妻共同财产。因此，被告人江露砸毁的是她自己的财物，而非属于他人所有的财物。

那么，辩护人说得是否有道理？关键是看奔驰车的所有权人是谁？这就需要了解机动车的所有权认定原则了。

>> 法点链接：机动车所有权认定

我国对机动车实行登记制度，类似于房产，根据我国物权法的规定，机动车所有权的设立、变更、转让和消灭都应当进行登记，未经登记，不能对抗善意第三人。判断一辆机动车属于何人所有，不是看是谁出钱购买，而是看该车登记在谁的名下。现有的原始购车发票、车管部门的登记底册以及机动车行驶证证据都表明该奔驰车登记在王媛媛名下，因此，被砸的奔驰车所有权人是王媛媛，车系王媛媛的财物。即便江露认为这辆奔驰车购车款是王浩明赠与王媛媛的，同时主张这个赠与行为是无效的，也是属于民法调整的范围，江露可以打官司要求返还，但车的所有权人目前还是王媛媛，这个所有权受法律保护，再怎么生气，都不能砸。

最后，法院经过审理，认为被告人江露、江伟故意毁坏财物数额较大，公诉机关起诉的罪名成立。但鉴于江露与丈夫的情人发生冲突，砸车是出于一时激愤，冲动为之，事出有因，社会危害性较小，认罪态度较好，具有酌定从轻情节，判处被告人江露有期徒刑2年，缓刑3年；判处被告人江伟拘役4个月，缓刑6个月。

一审判决后，江露、江伟这姐弟俩都没有上诉，江露一方面非常后悔自己的冲动，另一方面对于丈夫和王媛媛的私情，却仍然不能释怀，尤其是丈夫拿他们俩辛辛苦苦挣来的钱去给情妇挥霍，她是怎么也忍不了这口气。于是她又聘请律师以丈夫张浩明未经其同意将86万元巨款赠与情妇，侵犯了她的财产所有权为由把王媛媛告上了法庭，请求法院认定赠与无效，判令王媛媛归还86万元的购车款。

那么，江露这一次的诉讼请求能否得到法院的支持？首先，江露与张浩明是夫妻关系，该86万元是他们的夫妻共同财产，张浩明未征得江露的同意，擅自将86万元赠送给了王媛媛，其行为侵犯了江露享有的共同共有财产所有权，其赠与行为应属无效。第二，这种无效行为，是否必然导致王媛媛返还86万元购车款的法律后果？这就取决于王媛媛接受该86万元购车款时是否是善意的。《最高人民法院关于适用〈中华人民共和国婚姻法〉若干问题的解释（一）》第十七条第（二）项规定："夫或妻非因日常生活需要对夫妻共同财产做重要处理决定，夫妻双方应当平等协商，取得一致意见。他人有理由相信其为夫妻双方共同意思表示的，另一方不得以不同意或不知道为由对抗善意第三人。”从该条司法解释不难看出，如果王媛媛取得这 86 万元时是善意的，那么就取得了这 86 万元的所有权，江露就无权要求王媛媛返还，江露只能找其丈夫赔偿。笔者认为王媛媛取得该 86 万元购车款时应当不是善意的，善意是指她不知道张浩明是背着妻子赠与她钱款，而王媛媛是张浩明的地下情人，张浩明并未与江露解除婚姻关系。从一般常理来讲，王媛媛应当知道该巨额财产是张浩明与江露的夫妻共同财产，江露当然不可能同意张浩明将该 86 万元巨额财产送给情人的，除非王媛媛有足够的相反证据证明。因此，江露有权要求王媛媛返还该 86 万元。最后，法院支持了她的诉讼请求。

王媛媛本来治了治情敌江露，心里挺高兴，没想到这一次，把赚到手的全还回去了，什么也没捞着，也弄得是灰溜溜的。而这场事故的始作俑者——张浩明，经过这一连串的风波，非常后悔自己一时心痒，惹了这段婚外情，害得妻子差点坐了牢。他宣布和王媛媛一刀两断，并且向江露真诚地道歉，希望老婆能给自己一个改过自新的机会。

俗话说：“自作孽不可活。”在本案中体现得是淋漓尽致。人财色不可贪，虽然图有一时之快，但总有那么一个时刻，无论是像王媛媛这样作为第三者的贪财、还是像张浩明这样作为成功男士的贪色，都会注定为“贪”付出代价！其实遵守婚姻道德，并不是在捆绑自由；相反，这份道德，能够让自己的生活更加清洁，落个坦荡豁然、心安理得。

附　　录

余婧解读司解三，消除误解迎真爱

步入婚姻殿堂，生活只剩甜蜜；而当爱情渐渐逝去，我们却开始争锋相对。车子、房子、票子、孩子……都成为争夺的核心。《最高人民法院关于适用〈中华人民共和国婚姻法〉若干问题的解释（三）》（以下简称婚姻法司解三）的出台，将这些纠纷一一厘清，传统婚恋观似乎遭遇了挑战，更有人云，婚姻法司解三“揭破婚姻温情脉脉的面纱，将爱情变成一种宫心计”。作者认为这是对婚姻法司解三的一种误读，在此，将结合真实案例，对重点条款进行剖析。愿为您的婚姻扫除法律误区，还世间纯美爱情。

案例小故事：丈夫怀疑孩子不是亲生，要做亲子鉴定妻子到底该不该配合？

阿豪和阿云有个可爱的儿子小豪，随着儿子慢慢长大，阿豪听到越来越多的风言风语，说小豪长得不像他。偶然的机会阿豪通过短信和电话发现阿云早就有了婚外情，更怀疑小豪不是亲骨肉，决定离婚并做亲子鉴定，可阿云死活不同意，阿豪怎么办？

余婧微解答：

阿豪可以起诉离婚，并请求确认小豪与己没有血缘关系，这是否认亲子关系之诉。但亲子鉴定不能强制进行，遭遇一方拒不配合时，能否假设其“心中有鬼”而进行推定呢？

对此过去有很大争议，司法实践中也有不同做法。但婚姻法司解三第二条第一款现在统一了标准：如果一方“请求确认亲子关系不存在，并已提供必要证据予以证明，另一方没相反证据又拒绝做亲子鉴定的”，可以推定亲子关系不存在。

本案能否推定，关键看阿豪能否提供证据证明小豪可能不是亲生，比如能够提供短信证明阿云有婚外情，且持续时间和小豪出生时间吻合，甚至短信的内容可以表明孩子父亲另有其人，或者还有其他能够相互印证的证据，形成证据链。当然，如果有机会取得小豪的毛发组织等先做一个鉴定，证明力就更高，胜诉更有保障，此时阿云没有相反证据又拒绝进行亲子鉴定，法院就会作出对阿云不利的推定。

案例小故事：婆婆生病，儿媳却不愿付医疗费，儿子该怎么办？

小琴嫁给小峰后经常和婆婆发生矛盾，婆媳关系十分恶劣。后峰母查出患尿毒症，需要大笔治疗费用，小琴借故护着家中存款表示不愿意出这笔钱，焦急的小峰该怎么办？

余婧微解答：

小峰可以直接向法院起诉，要求分割夫妻共同财产，拿钱给母亲治病。

在离婚时要求分割财产很正常，但如果不想离婚，单独起诉要求分割夫妻共同财产，在婚姻法司解三出台之前法院基本不会支持。

现在司解三第四条规定了两种不离婚也可以主张分割婚产的例

外情形，第一种是有证据证明另一方有隐藏、转移、挥霍夫妻共同财产事实的；第二种是“一方负有法定扶养义务的人患重大疾病需要医治，另一方不同意支付相关医疗费用的”，也就是本案的情况。这是司解三的一大亮点，为在“财政权垄断”的家庭中处于弱势地位的人开启了解救之门。

本案要注意举证问题，阿峰需要证明母亲的病确属“重大疾病”，何为重大法律还没有明确的规定，但实践中我们认为那些需要长期治疗、花费较高的疾病或者直接关系生命安全的疾病等属于重大疾病。

案例小故事：婚后父母给买房子，登记给谁就是谁的吗？

阿莹和阿国婚后一直租房住，阿莹父母心疼女儿就出钱给买了一套房子，登记的是阿莹的名字。后来小两口想换套大房子，双方父母一合计就各出了一半的房钱，这回房子登记给了阿国，之后两人不和要离婚，这两套房子该怎么分呢？

余婧微解答：

阿莹父母买的那套房是阿莹的个人财产，双方父母合买的那套则由阿莹和阿国按照各自父母出资的份额来共同所有。

现在父母出资为子女买房的情况很普遍，但子女一旦离婚，小夫妻往往为住房归属发生纠纷。如果子女短暂的婚姻让另一方分走父母大半生的积蓄，显然与父母的出资预期不符。

婚姻法司解三第七条正是对上述情况进行规范：婚后一方父母出资购买的不动产，只要产权登记在出资人这一方子女名下，则属于该子女的个人财产，除非有充分证据证明父母的出资属于借款，或者是对夫妻双方的赠与。如果是由双方父母出资购买的不动产，则不论出资发生在婚前还是婚后，即便不动产只登记在一方子女名下的，都可认定为双方按各自父母的出资份额共有不动产。

案例小故事：婚前买房、婚后共同还贷，离婚时房子怎么分？

薇薇和大何准备结婚，大何说自己名下有一套房，已经付了首付，可以用来当婚房，婚后二人便住进该房并一起还贷。五年后二人闹离婚，房子成了两人争夺的焦点，薇薇说平分，大何说登记给谁就是谁的，那到底该如何分呢？

余婧微解答：

离婚时这类房产的分割往往产生很大争议，到底是首付方的个人财产还是夫妻共同财产，在婚姻法司解三出台之前各地法院的处理方式也不相同。婚姻法司解三第十条解决了这个问题。

本案中，薇薇和大何首先可以协商处理房产的分割问题，协商不成，可以由法院判决。原则上房屋产权归婚前贷款买房一方，即归大何所有，尚未归还的贷款也为大何个人债务，但大何应补偿薇薇婚后共同还贷款项的一半及其对应的房产增值部分。

案例小故事：以父母名义购买的房改房，离婚时能分割吗？

小熙和小忠结婚两年了，忠母有处住房要参加房改，小两口一合计就用二人存款把该住房给买了，产权登记在了忠母名下。后二人要离婚，小熙要求平分房改房，小忠说房子产权是母亲的，不是夫妻共同财产，那么这样的房子离婚时到底能不能分呢？

余婧微解答：

忠母名下的房改房不属于小熙、小忠的夫妻共同财产，离婚时不能进行分割。

房改房和职工身份及工龄等因素密切相关，带有福利补助和政策优惠性质，如果将父母名下的房改房认定为小两口的夫妻共同财产，将损害父母的财产权益。婚姻法司解三第十二条正是针对这种情况作出了明确规定，这类房改房不属于子女的夫妻共同财产。至于小熙、小忠的出资，如果没有特别约定，又不符合赠与情形，那么可以作为他们对父母享有的债权，在离婚时予以进行分割。

案例小故事：丈夫私自卖房，妻子能追回吗？

小璐的丈夫阿德痴迷赌博，某天小璐意外发现阿德将二人的一处共有房产给卖了，房款全部输光，小璐生气的要求阿德把房子要回来，但阿德说房是按市价卖的，并且已经过户。房子还能要得回来吗？

余婧微解答：

阿德出卖共同共有的房屋虽然事先没有征得小璐同意，但由于买房人已支付合理对价并办理了过户手续，小璐要求返还房屋的主张将无法实现。但是阿德由此给小璐造成的损失，如果双方离婚，小璐可以要求阿德赔偿。

夫妻一方擅自出售共有房产，是否有效以及房屋的最终归属一直都存在争议，这次婚姻法司解三的规定是侧重保护善意买房人的，只要满足以下几个条件，买房人就可以取得房屋所有权：一、买受人善意购买；二、已支付合理对价；三、产权变更登记已经办理完毕。但是婚姻法司解三也同时注重对不知情的夫妻一方利益损失的弥补，规定因擅自出售共有房屋给另一方造成损失时，另一方在离婚时可以提出损害赔偿的请求。

案例小故事：夫妻婚内借钱，离婚时该如何处理呢？

小蕾和阿瑞结婚十年，阿瑞看上一理财项目，要拿家里存款投资，小蕾坚决不同意。阿瑞说算他个人借钱，赚了赔了都跟小蕾没关系，并签下借款协议。后二人离婚，小蕾要阿瑞还钱，阿瑞却说借自己家的钱不用还。这笔借款到底该如何处理呢？

余婧微解答：

随着社会的快速发展，夫妻之间的财产关系呈现多样化、复杂化的趋势，在婚内一方从夫妻共同财产中借款给另一方的情形也时有发生。婚姻法司解三出台之前，婚姻法及司法解释对这种特殊的借贷关系如何认定没有规定，导致各地出现“同案不同判”的情况。

现在婚姻法司解三第十六条明确了这种夫妻间借贷关系的性质，认定这是夫妻双方对共同财产的合法处分，除了借款来源是夫妻共同财产外，与自然人之间的普通借贷关系没有区别。因此，小蕾和阿瑞订立借款协议，将共同财产借给阿瑞进行个人投资，离婚时小蕾可以按照借款协议的约定要求阿瑞偿还。

后　记

你值得更好的人生

过去两年，出版社约稿颇多，但我一直在等。

等的是心情、是积累、是时机也是感恩，我个人长久以来的愿望，就是把我的第一本书献给《法律讲堂》，也是对我在这个栏目上四年多普法生涯的一个回顾和总结。

《法律讲堂》对我来说，是一个分享和传递的平台。把律师工作中接触到的真实案例，仔细筛选，糅合融汇，娓娓地讲，细细地解，想要传达的就是两层意思：一是婚恋智慧，二是法律智慧。

• 婚姻与爱情

我一直认为，婚姻是法律赋予我们对爱情的权力，曾经有这样一段话深深触动过我：“爱情本身并不一定需要婚书来证明，但结了婚，他们才是法律上的直系亲属，才是彼此的第一顺序继承人，才有权利在病危、手术等紧急关头为对方签字，才更有力量去分担彼此的一生。”这句话道出了爱情和婚姻的距离以及婚姻的价值所在。

- 婚姻与人生

而在我看来，一个人在婚姻问题上的理解、选择、态度和经营，决定了其人生的走向和家庭的命运。所以毫不夸张地说，婚姻，是人生最大的投资。

我的一位当事人给我讲过这样一个故事。同学聚会上，她宣布找到了王子，两个曾经的同窗好友立即关心询问，第一个问："他年薪多少？"第二个问："他待你可好？"五年后，第一个女友和千万身家的丈夫离婚，失婚又失财；而第二个女友和离婚一年的前夫复婚，失去而复得。

两个简单而截然的问句，彰显的是幸福表象下的微妙差距。

婚恋智慧的修习，影响了女人幸福的程度和高度。

- 婚姻与法律

法律智慧的修炼，则决定了女人幸福的久度和强度。

我并不是要教你"婚姻是战争，法律是武器"，在婚姻面前永远严阵以待、剑拔弩张；而是要教你相信，法律是一种积极的能量，法律智慧是一种能够帮助你获得长久幸福的力量。比如说到"婚前财产协议"，有些观念保守的夫妇会炸锅，但反观欧美国家，婚前协议和夫妻财产协议却被视为是实现男女平等和婚姻自由的"最高境界"，只要经济允许，人们都会配备私人律师来专门打理此类事宜。对法律的充分认知和对婚姻的理性思考，大大降低了婚变风险所带来的伤害。

而就国内而言，这种先进的婚恋理念也越来越被人们接受。一位在外企工作的女士和她的先生都是《法律讲堂》的忠实观众，她和我分享过一个温馨的故事：她和先生在长达三年的时间里每天都要收看我们的节目，有一天先生主动提出要签一份财产协议，将家中全部三套房产都尽归女士所有，女士很吃惊，先生却坦然地笑笑说，因为爱你，所以要给你一份保障。这位女士非常感慨，她原以为丈夫耳濡目染，会对分手争财的隐患非常敏感，不想他在修习了一定的法律智慧后，首先保护的不是自己，而是爱妻。

这是一个让我动容的故事，同样的，对于我自己，经手婚姻案件无数，教会我的却是珍惜。希望在爱、婚姻和财富的世界里，不是法不容情，而是法有情天。

婚姻，因爱而柔软，因法而坚韧。用心的同时，更要用脑。婚而不昏，你才能拥有更好的人生。

- 感谢与感恩

文行至此，我想要郑重感谢一些特别的人。

首先，要特别感谢始终给予我信任与鼓励的《法律讲堂》栏目组的各位同仁，尤其是制片人权勇和主编郝燕飞，他们是我敬重的朋友和兄长。感谢为此书奔波筹划的中国民主法制出版社的刘海涛副总编、翟琰萍编辑及所有工作人员，他们的认真敬业让我印象深刻。

其次，我要感谢我的家人对我工作的理解和支持，没有他们，我不会有今天的成绩，尤其是我的母亲，是她把我带入了律师这样一个充满激情和温情的职业领域，她给我梦想并一直鞭策我追求卓越。

再次，感谢我的团队，运营总监钟敏，助手刘靖雯、王雪姣，还有陈俊律师等，他们都为书稿的整理付出了大量辛勤的劳动。还要感谢很多重要的师长和朋友长久以来给予我的关怀和帮助，每忆及此，甚感温暖。

最后，我要感谢正在阅览此书的你。感谢你的驻足与品读，这份感激亦将成为一抹温暖的动力支持着我不断地前行。

余婧

2011年12月于北京